中国語の世界

矯　学真　著
姜　波

大学教育出版

まえがき

　このテキストは、初めて中国語を習う人のための入門書です。大学の中国語入門講座の教材でもあります。90分の授業を30回程度行うことで中国語を習得できます。文法を分かりやすく解説し、例文には使用頻度が高く新しい内容を選んでいます。附属のCDで「聞く」ことを習慣化すれば、中国語はきっと上手になるでしょう。

　各课は、会話や会話に沿った文章、単語（ヒアリング形式）、文法説明練習で構成されています。繰り返し練習することでヒアリング力、会話の理解力、文章の理解力の向上を目指します。また、中国語は語順が大切です。このテキストでは、中国語を正しく表現できるように、文章の成り立ちの基礎をまとめ、煩雑な文法を一目で理解できるように工夫し、独学でも学びやすいよう配慮しました。

　読み物 (1)～(5) では読解力を養います。言葉そのものを勉強しながら、ストーリーを楽しんだり、健康に関する知識に触れたりすることができます。

　単語のコーナーは、連鎖的に覚えられるように使用頻度の高いものを並べました。単語をたくさん覚えて語彙を増やしましょう。また各课で取り入れた四文字熟語やなぞなぞなどの言語ゲームでは、漢字の使い方、ものの考え方、覚え方などを楽しく学ぶことができます。

　コラムでは中国の社会や習慣などに関する最新情報を日本語で紹介しています。中国に対する理解がさらに深まるでしょう。

　悠久の歴史や文化をもちながら、発展する中国をより深く知るために、中国語の世界に入りましょう。

2013年2月1日

著　者

中国語の世界　第2版

目　次

まえがき ……………………………………………………………………… 1

中国語の発音 ………………………………………………………………… 9
 1．拼音
 2．中国語の音節構成
 3．主母音
 4．子音
 5．声調（四声）
 6．複合母音
 7．鼻母音
 8．声調の変化
 9．r 化音（儿化音）

本書中の用語 ……………………………………………………………………12

中国語の簡体字と日本語の漢字 ………………………………………………13

第 1 课　你贵姓？ ………………………………………………………………14
 1．人称代名詞
 2．主語＋（副詞）述語（動詞）＋目的語
 3．「请」＋動詞／文
 4．副詞＋述語
  コラム　中国語

第 2 课　我也很高兴。 …………………………………………………………18
 1．主語＋述語（形容詞が述語になる文）
 2．主語＋「是」＋目的語
 3．「的」＋名詞
 4．指示代名詞
  コラム　相手の呼び方

第 3 课　我吃两个包子。 ………………………………………………………22
 1．数字
 2．主語＋述語＋（数＋助数詞）＋目的語

3．疑問詞を使った文
　　4．終助詞「呢」
　　　コラム　春節

第4课　可以刷卡吗？……………………………………………………………26
　　1．時の表現
　　2．「想」+動詞
　　3．動詞の重ね、または動詞+「一下」
　　4．「可以」+動詞
　　　コラム　刺身に唐がらし

第5课　你喜欢看足球赛吗？……………………………………………………30
　　1．「喜欢」+動詞・名詞
　　2．接続詞「还是」
　　3．接続詞「但是」
　　4．前置詞「为」+名詞+述語
　　　コラム　レジ袋と環境問題

第6课　昨天我去长城了。………………………………………………………34
　　1．「了」
　　2．動詞+「过」
　　3．「如果」…，（就）…。
　　4．「应该」+動詞
　　　コラム　エネルギーの優等生「風力発電」

第7课　我马上给老师打电话。…………………………………………………38
　　1．主語+「在」+場所+動詞
　　2．主語+「教」+人（に）+もの（を）
　　3．動詞「给」+人（に）+もの（を）
　　4．「能」+動詞
　　　コラム　中華料理

第8课　我请你听音乐会。……………………………………………………42
　　1．動詞の進行形
　　2．「请」+ 人 + 動作
　　3．「先」+ 動作1、「然后」+ 動作2
　　4．「去・来」+ 動詞
　　　　コラム　「ニート」に厳しい批評「米むし」

第9课　我好像感冒了。……………………………………………………46
　　1．「好像」
　　2．「把」+ 名詞
　　3．「因为…，所以…」
　　4．「要」+ 述語
　　5．時間量
　　　　コラム　就職氷河期を乗り越えるために

第10课　请到国际饭店。……………………………………………………50
　　1．動詞 +「好」
　　2．「从」+ 名詞
　　3．「是…的」
　　4．「听说」
　　　　コラム　子どもの日

第11课　昨天你休息得好吗？……………………………………………54
　　1．動詞 +「得」+ 形容詞
　　2．「比」+ 名詞
　　3．「和」+ 名詞
　　4．「用」…動詞
　　　　コラム　来客へのもてなし

第12课　一边读一边写。……………………………………………………58
　　1．「会」
　　2．「怎么」+ 動詞

3．「一边」+ 動詞「一边」+ 動詞
4．動詞 +「在」
　　コラム　健康ブーム

第 13 课　到朋友的老家过年。 ……………………………… 62
　1．連体修飾「的」の使い方
　2．「向」
　3．「会……的」
　4．「別」+ 動詞

読み物 ……………………………………………………………… 66
　1．爱迪生的故事
　2．傍晚湖边散步
　3．为什么法国人大吃大喝还比美国人苗条？
　4．中国的小皇帝
　5．绿茶和癌症
　総合練習
　言語ゲーム

これができると便利 ……………………………………………… 75

中国語音節表 ……………………………………………………… 76

センテンスの成り立ち …………………………………………… 78

センテンスの成り立ちの実例 …………………………………… 79

単語リスト ………………………………………………………… 80

中国語の発音

1. 「拼音」：表音記号、ローマ字方式
   中国語の漢字は、ローマ字方式で発音表記です。

2. 中国語の音節構成
   中国語の漢字は音節文字で、1字は1音節です。
   例：窓（chuāng）の場合

   子音　＋　母音
   　　　　介音　主母音　尾音
   　ch　　u　　a　　ng　　→ chuāng は1つの音節です。

3. 主母音

   | a | o | e | i (yi) | u (wu) | ü (yu) | er |

   a：口を大きくあけて、日本語の「ア」の要領で発音します。
   o：唇を丸めて、口の中を広くして発音します。
   e：口を自然に開き、軟口蓋を震わせながら発音します。
   i：口を横にひらべったくして、「イ」を発音します。
   u：唇を突き出して、「ウ」を発音します。
   ü：唇を丸めて舌尖を下の歯につけ、振動を感じながら発音します。
   er：舌尖をそりあげて発音します。
   i、u、ü は単独で音節をなす時、それぞれ yi、wu、yu と書きます。

4. 子音（21個）

	無気音	有気音	鼻音	摩擦音	有声音
唇音	b (o)	p (o)	m (o)	f (o)	
舌尖音	d (e)	t (e)	n (e)		l (e)
舌根音	g (e)	k (e)		h (e)	
舌面音	j (i)	q (i)		x (i)	
そり舌音	zh (i)	ch (i)		sh (i)	r (i)
舌歯音	z (i)	c (i)		s (i)	

   （　）内の母音は声を出すためにつけたものです。
   j、q、x は ü と一緒に発音する時、それぞれ ju、qu、xu のように書きます。

3. ◆発音練習

| 机器 | 衣服 | 旅客 | 皮肤 | 汽车 | 出租车 |
| jīqì | yīfu | lǚkè | pífū | qìchē | chūzūchē |

5. 声調（四声）

声調記号は主母音の上につけます。a o e i u ü の順でつけますが、「iu」「ui」の場合は後ろの方につけます。「i」に声調をつける時には、次のように点を取ります。例：guì jiāng

第1声	mā（妈）	平らにのばす
第2声	má（麻）	いきなり高くする
第3声	mǎ（马）	低く始めてから上げる
第4声	mà（骂）	落とすように
軽　声	ma（吗）	軽く読む

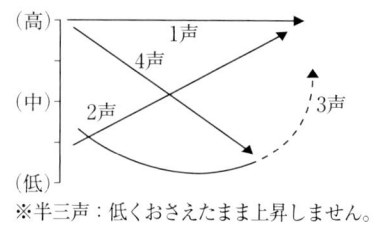

※半三声：低くおさえたまま上昇しません。

声調図

6. 複合母音

ai	ei	ao	ou
ia (ya)	ie (ye)	iao (yao)	iou (you)
ua (wa)	uo (wo)	uai (wai)	uei (wei)	üe (yue)

（　）の中は単独で音節をなす時の書き方です。i、u、ü は介音として音節の始めをなす時、それぞれ y、w、yu となります。この場合、y と w は子音に相当します。

◆発音練習

| 手表 | 胃药 | 邮局 | 目标 |
| shǒubiǎo | wèiyào | yóujú | mùbiāo |

7. 鼻母音

| an | en | in(yin) | ian(yan) | uan(wan) | uen(wen) | üan(yuan) | ün(yun) |
| ang | eng | ing(ying) | iang(yang) | uang(wang) | ueng(weng) | ong | iong(yong) |

n：舌尖を上の歯茎につけて「アンナイ」の「ン」の要領で発音します。
ng：舌根を意識し「アンガイ」の「ン」の要領で発音します。息が鼻から抜け、舌尖が見えないのが肝心です。

◆発音練習

| 将来 | 明天 | 红茶 | 乌龙茶 | 熊猫 | 中国 |
| jiānglái | míngtiān | hóngchá | wūlóngchá | xióngmāo | Zhōngguó |

中国語の発音　11

| 奥运 | 铁饼 | 滑冰 | 信用卡 | 日本 | 磁浮 |
| Àoyùn | tiěbǐng | huábīng | xìnyòngkǎ | Rìběn | cífú |

8．声調の変化

1）你好
　　nǐhǎo → níhǎo

2）「不」はもともと「bù」で第4声ですが、後に第4声が続く場合には第2声に変わります。

| 不去 | 不是 | 不会 |
| búqù | búshì | búhuì |

3）「一」はもともと「yī」で第1声ですが、後に第4声あるいは軽声が続く場合には第2声に変わります。

| 一样 | 一次 | 一个 |
| yíyàng | yícì | yíge |

「yī」第1声の後に第1、2、3声が続く場合には第4声に変わります。

| 一杯 | 一条 | 一起 |
| yìbēi | yìtiáo | yìqǐ |

9．儿化音（r化音）

| 唱歌 → 唱歌儿 | 玩 → 玩儿 | 花 → 花儿 | 小孩 → 小孩儿 |
| chànggē → chànggēr | wán → wánr | huā → huār | xiǎohái → xiǎoháir |

家族構成

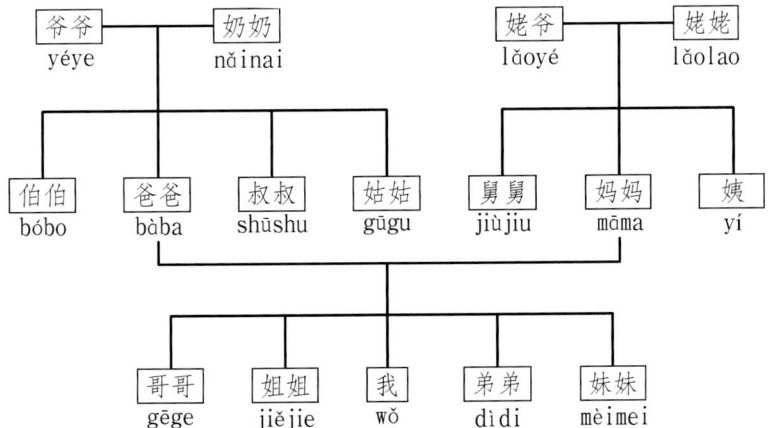

本書中の用語

【用　語】	【用　　　　例】		
名→名詞	电影	信用卡	巴士
代→代名詞	你们	她	它
地→地名	曲阜	八达岭	北京
動→動詞	关照	等	挂念
形→形容詞	漂亮	累	辛苦
副→副詞	经常	很	不
前→前置詞	给	跟	比
助→助詞	了	过	着
助動→助動詞	想	可以	能
数→数詞	两	一万	八
量→数量詞	个	件	杯
組→詞組	打电话	发烧	问问题
接→接続詞	所以	但是	可
頭→接頭語	请	贵	愚
尾→接尾語	吗	呢	吧
感→感嘆詞	噢	喂	对
慣→慣用語	对不起	麻烦你	不客气
四→四文字熟語	一举两得	鹤立鸡群	如虎添翼

中国語の簡体字と日本語の漢字

① へんやつくりが簡略化したもの
  说 话（言）　　　错 铁（金）
  轮 轻（車）　　　骑 妈（馬）
  机 饥（幾）　　　经 红（糸）
  馆 饭（食）　　　问 们（門）
  贵 贸（貝）　　　创 舱（倉）

② 字の一部分が残ったもの
  关（関）　系（系）　电（電）　习（習）　录（録）
  气（気）　广（広）　时（時）　见（見）　飞（飛）
  类（類）　儿（児）　节（節）　妇（婦）　热（熱）
  业（業）　乡（郷）

③ 少しだけ違うもの
  步（歩）　单（単）　对（対）　压（圧）　收（収）
  与（与）　边（辺）　别（別）　以（以）　图（図）
  画（画）　应（応）　凉（涼）　况（況）　强（強）
  钱（銭）　铅（鉛）　轻（軽）　拜（拝）　黑（黒）
  样（様）　两（両）　脑（脳）　真（真）　直（直）
  查（査）　欢（歓）　房（房）　处（処）　器（器）
  污（汚）　层（層）　围（囲）　场（場）　异（異）

④ 輪郭だけ残したもの
  为（為）　兴（興）　长（長）　远（遠）　书（書）
  过（過）　义（義）　东（東）　鸟（鳥）　鱼（魚）
  进（進）　发（発）　乐（楽）

第 1 课
Dìyīkè

你贵姓？
Nǐ guì xìng?

客人：你好！
Kèrén: Nǐ hǎo!

秘书：您好！
Mìshū: Nín hǎo!

客人：请问，李经理在公司吗？
　　　Qǐng wèn, Lǐ jīnglǐ zài gōngsī ma?

秘书：在＊，你贵姓？　　　　　　　　　　応答の時は動詞を使います。
　　　Zài, nǐ guì xìng?

客人：我姓大野，叫大野秀人。
　　　Wǒ xìng Dàyě, jiào Dàyě Xiùrén.

秘书：请稍等，请坐，请喝茶。
　　　Qǐng shāo děng, qǐng zuò, qǐng hē chá.

客人：谢谢。
　　　Xièxie.

秘书：不客气。
　　　Bú kèqi.

ステップ 1

客人叫大野秀人。
Kèrén jiào Dàyě Xiùrén.

秘书接待大野，大野喝茶等经理。　　　　接待：応対する
Mìshū jiēdài Dàyě, Dàyě hē chá děng jīnglǐ.　　　说：…という

大野谢谢秘书。秘书说不客气。
Dàyě xièxie mìshū. Mìshū shuō búkèqi.

新しい単語 1

CDを聞きながら中国語の漢字を書きましょう。

你 nǐ 代 あなた
贵姓 guìxìng 慣 丁寧に相手の名字を聞く「ご芳名は？」
客人 kèrén 名 お客さん
经理 jīnglǐ 名 社長
您好 nínhǎo 慣 こんにちは
请 qǐng 頭 どうぞ……ください
问 wèn 動 聞く
在 zài 動 人がいる、ものがある
公司 gōngsī 名 会社
吗 ma 尾 …か
叫 jiào 動 という、呼ぶ
坐 zuò 動 座る
喝 hē 動 飲む
谢谢 xièxie 慣 ありがとう
不 bú 副 …ではない、…しない
客气 kèqi 動 遠慮する
不客气 búkèqi 慣 どういたしまして
稍 shāo 副 少し、ちょっと
等 děng 動 待つ

コラム

中国語

　一般に中国人は中国語のことを、「汉语」あるいは「中文」と言いますが、前者はことばそのものを、後者は中国の言語と文化の両方を指すので、場合によって説明が必要です。また中国語にはさまざまな方言がありますが、私たちが習うのは北京語を基準とした「普通語」と呼ばれる共通語です。

　ここ数年、中国の経済発展に伴い中国語への関心は国際的に高まり、正式な場や商談の場などでは「普通語」の使用が義務付けられています。

基本文型 1

1．人称代名詞

	第1人称	第2人称	第3人称
単　数	我 wǒ （私・ぼく）	你 nǐ（あなた） 您 nín（あなたさま）	他 tā（彼）她 tā（彼女） 它 tā（それ）
複　数	我们 wǒmen （私・ぼくたち）	你们 nǐmen （あなたたち）	他们 tāmen（彼ら） 她们 tāmen（彼女たち） 它们 tāmen（それら）

2．主語＋(副詞) 述語（動詞）＋目的語

　　我　　　喝　　　茶。　　　　　肯定文
　　Wǒ　　 hē　　　chá.

　　他　　 不　　 姓　　 李。　　 否定文
　　Tā　　 bú　　 xìng　 Lǐ.

　　公司　　　在　　　上海　　 吗？　疑問文
　　Gōngsī　　zài　　　Shànghǎi　ma?

3．「请」＋動詞／文：「どうぞ……ください。お願いします。」

　　请　说　汉语。　　　　　　　　　　　　汉语：中国語
　　Qǐng shuō Hànyǔ.

　　请　签　名。　　　　　　　　　　　　　签名：サイン
　　Qǐng qiān míng.

　　请　喝　咖啡。　　　　　　　　　　　　咖啡：コーヒー
　　Qǐng hē kāfēi.

4．副詞＋述語　　副詞の例：常（よく）、也（も）、少（少なめに）、总（いつも）

　　不　谢。
　　Bú xiè.

　　多　喝　水。
　　Duō hē shuǐ.

　　少　抽　烟。　　　　　　　　　　　　　抽烟：タバコをすう
　　Shǎo chōu yān.

第1课　你贵姓？　17

練習 1

1．発音を聞いて中国語を書きましょう。
　　1）Nǐ guì xìng?　_____
　　2）Nǐ hē chá ma?　_____
　　3）Qǐng zuò.　_____
　　4）Bú kèqi.　_____

2．次のことばから選び、空欄を埋めましょう。
　　　　稍　　姓　　吗　　叫　　请
　　1）我（　　）李，（　　）李丽。
　　　（私は李です。李麗と申します）
　　2）（　　）喝咖啡。
　　　（どうぞコーヒーを飲んでください）
　　3）请（　　）等。
　　　（少しお待ちください）
　　4）秘书在公司（　　）？
　　　（秘書は会社にいますか）

3．次の単語を日本語に従って並べましょう。
　　1）叫　我　大野律子
　　　（私は大野律子と申します）　_____
　　2）不　来　他
　　　（彼は来ません）　_____
　　3）经理　你　等
　　　（社長が君を待っています）　_____
　　4）吗　你　烟　抽
　　　（タバコを吸いますか）　_____

4．次の肯定文を疑問文と否定文にしましょう。
　　1）他说汉语。疑問文_____　否定文_____
　　2）我去上海。疑問文_____　否定文_____　　去：行く
　　3）我们吃饭。疑問文_____　否定文_____　　吃饭：ご飯を食べる

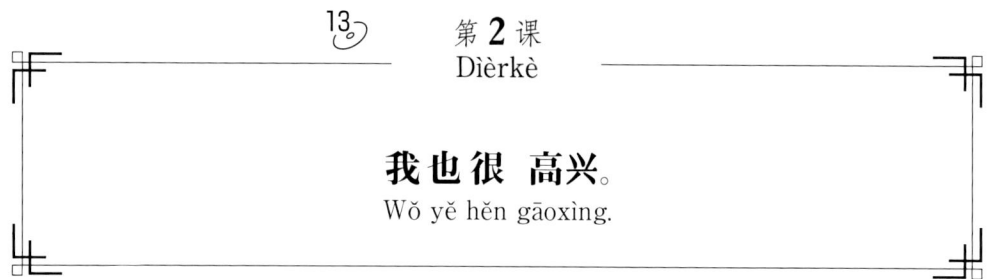

第 2 课
Dì èr kè

我也很 高兴。
Wǒ yě hěn gāoxìng.

经理：欢 迎 你。
Jīnglǐ : Huān yíng nǐ.

大野：见 到 您 很 高兴。
Dàyě : Jiàn dào nín hěn gāoxìng.

经理：我 也 很 高兴。
Wǒ yě hěn gāoxìng.

大野：我 叫 大野 秀人，是 日本人，请 多 关照。
Wǒ jiào Dàyě Xiùrén, shì Rìběnrén, qǐng duō guānzhào.
这 是 我 的 简历。
Zhè shì wǒ de jiǎnlì.

经理：你 的 汉语 很 好。
Nǐ de Hànyǔ hěn hǎo.

大野：不，还 不 好。
Bù, hái bù hǎo.

ステップ 2

经理 欢迎 大野。大野 很 高兴。
Jīnglǐ huānyíng Dàyě. Dàyě hěn gāoxìng.

大野 是 日本人，但是 汉语 很 好。　　　　　但是：しかし
Dàyě shì Rìběnrén, dànshì Hànyǔ hěn hǎo.

经理 夸奖 大野。大野 很 谦虚。　　　　　　夸奖：褒める
Jīnglǐ kuājiǎng Dàyě. Dàyě hěn qiānxū.　　　　谦虚：謙虚

14 新しい単語 2

CDを聞きながら中国語の漢字を書きましょう。

见到 jiàn dào　動　会う

很 hěn　副　とても

高兴 gāoxìng　形　嬉しい

欢迎 huān yíng　動　歓迎する

也 yě　副　も

是 shì　動　…は…だ

日本人 Rìběnrén　名　日本人

多 duō　副　多めに　形　多い

关照 guānzhào　動　世話する

请多关照 qǐng duō guānzhào　慣　くれぐれもよろしくお願いします

的 de　助　の

简历 jiǎnlì　名　履歴書

汉语 Hànyǔ　名　中国語

好 hǎo　形　元気だ、上手だ、よろしい、よい

不 bù　副　いいえ

还 hái　副　まだ

コラム

相手の呼び方

　中国では同級生や同僚の間では、相手の名前を呼び捨てにします。その時、姓の前に「小」や「老」をつけたり、姓の後に職名をつけます。
　小王（王君）
　老张（張さん）
　李老师（李先生）
　周律师（周弁護士）
　一般に、女性は「小姐」、男性は「先生」と呼ばれます。
　家族関係では、「爱人」は配偶者の意味でよく使われます。したがって奥さんの意味であったり、御主人の意味であったりします。さて、「他是我爱人」や「她是我爱人」を正しく訳せるでしょうか。

15 基本文型 2

1. 主語 ＋ 述語（形容詞が述語になる文）

　　你　　身体　　好　吗？　　　　疑問文
　　Nǐ　　shēntǐ　hǎo　ma?

　　经理　　　很　忙。　　　　　　肯定文　　　　　很：とても、非常に　習慣
　　Jīnglǐ　　hěn　máng.　　　　　　　　　　　　　　　でつけることが多い。

　　汉语　　　不　难。　　　　　　否定文　　　　　难：難しい
　　Hànyǔ　　bù　nán.

　形容詞の例：热（暑い）、冷（寒い）、干净（清潔だ）、漂亮（美しい）、贵（高い）、便宜（安い）
　　　　　　　 rè　　　　lěng　　　gānjìng　　　　piàoliang　　　guì　　　piányi

2. 主語 ＋「是」＋ 目的語：「…は…だ。」国籍、職業、ものを判断します。

　　他　　　是　　　中国人。　　　　肯定文
　　Tā　　　shì　　　Zhōngguórén.

　　大野　　不是　　老师。　　　　　否定文　　　　老师：先生
　　Dàyě　　bú shì　lǎoshī.

　　那　　　是　　　商店　吗？　　　疑問文　　　　商店：店
　　Nà　　　shì　　　shāngdiàn ma?

3. 「的」＋名詞：「…の…」

　1) 物の所有を表す時、「的」は必須です。

　　　这 是 我 的（手机）。　　　　　　　　　　　手机：携帯電話
　　　Zhè shì wǒ de (shǒujī).

　2) 家族、人間、産地などの時、「的」は省略します。例：「我妈妈」（母）、「日本菜」（日本料理）

　　　我们　　欢迎　你（的）　朋友。　　　　　　欢迎：歓迎する
　　　Wǒmen huānyíng nǐ (de) péngyou.

　　　日本 酒 柔和。　　　　　　　　　　　　　　柔和：柔らかい
　　　Rìběn jiǔ róuhé.

4. 指示代名詞

	近称	遠称	疑問
単数	这 zhè（これ）	那 nà（それ・あれ）	哪 nǎ（どれ）
	这个* zhège（この）	那个 nàge（その・あの）	哪个 nǎge（どの）
複数	这些 zhèxiē（これら）	那些 nàxiē（それら・あれら）	哪些 nǎxiē（どれら）
場所（口）	这儿 zhèr（ここ）	那儿 nàr（そこ・あそこ）	哪儿 nǎr（どこ）
場所（文）	这里 zhèlǐ（ここ）	那里 nàlǐ（そこ・あそこ）	哪里 nǎlǐ（どこ）

＊个は助数詞で、「这本书」「那件衣服」のように後続の名詞によって助数詞は変わります。

第2課　我也很高兴。　21

練習2

1．次の発音記号に漢字を当て、訳しましょう。
　1）Nǐ shēntǐ hǎo ma?　　　　　　　　　　＿＿＿＿＿＿＿＿＿＿＿＿＿＿＿＿
　2）Xièxie, wǒ hěn hǎo.　　　　　　　　　　＿＿＿＿＿＿＿＿＿＿＿＿＿＿＿＿
　3）Wǒ yě hěn hǎo.　　　　　　　　　　　　＿＿＿＿＿＿＿＿＿＿＿＿＿＿＿＿
　4）Wǒmen lǎoshī bú shì Rìběnrén.　　　　＿＿＿＿＿＿＿＿＿＿＿＿＿＿＿＿

2．次の単語を日本語に従って正しい語順にしましょう。
　1）我　学生　是　也
　　（私も学生です）
　2）他　是　不　律师　　　　　　　　　　　　　　　　　　律师：弁護士
　　（彼は弁護士ではありません）
　3）是　那　吗　学校
　　（あれは学校ですか）
　4）很　日本　漂亮
　　（日本はきれいです）

3．次のことばから選び、空欄を埋めましょう。
　　　　不　吗　的　是
　1）那是邮局（　　）?　　　　　　　　　　　　　　　　　邮局：郵便局
　　（あれは郵便局ですか）
　2）我（　　）营养师。　　　　　　　　　　　　　　　　营养师：栄養士
　　（私は栄養士です）
　3）他（　　）汉语很好。
　　（彼は中国語が上手です）
　4）他父亲（　　）是中国人。
　　（彼の父親は中国人ではありません）

4．下線部を置き換えましょう。
　職業：他　是　歌手　吗?　　　职员（サラリーマン）　　护士（看護師）
　　　　Tā shì gēshǒu ma?　　　 zhíyuán　　　　　　　　　hùshi
　国籍：我　朋友　不是　美国人。 德国人（ドイツ人）　　　法国人（フランス人）
　　　　Wǒ péngyou bú shì Měiguórén.　Déguórén　　　　　Fǎguórén
　もの：这　是　电视。　　　　　 护照（パスポート）　　　我　的　书（本）
　　　　Zhè shì diànshì.　　　　 hùzhào　　　　　　　　　wǒ de shū

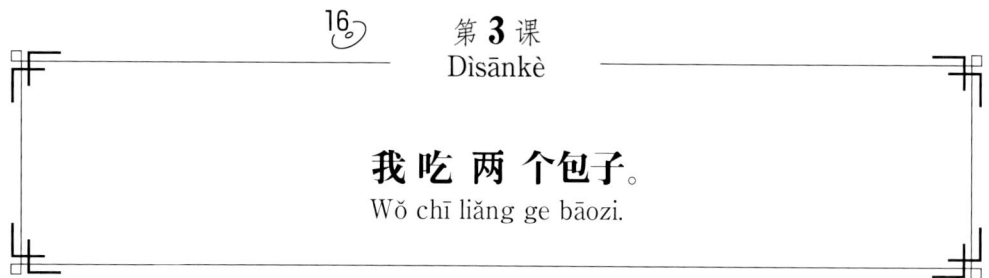

第 3 课
Dìsānkè

我吃两个包子。
Wǒ chī liǎng ge bāozi.

林歌：我 吃 两 个 包子。你呢？
Língē : Wǒ chī liǎng ge bāozi. Nǐ ne ?

大野：我 来一 碗 面。
Dàyě : Wǒ lái yì wǎn miàn.

林歌：我 再 要 一 个 凉菜。
　　　Wǒ zài yào yí ge liángcài.

大野：喝 点儿 什么？
　　　Hē diǎnr shénme ?

林歌：那边 有 茶。
　　　Nàbiān yǒu chá.

大野：这儿的 茶 很 好 喝。
　　　Zhèr de chá hěn hǎo hē.

ステップ3

林歌 和 大野 是 同僚。他们 一起 吃 午饭。
Língē hé Dàyě shì tóngliáo. Tāmen yìqǐ chī wǔfàn.

林歌 吃 两 个 包子 和 凉菜。大野 吃一 碗 面。
Língē chī liǎng ge bāozi hé liángcài. Dàyě chī yì wǎn miàn.

他们 都 喝 茶，因为 这儿 的 茶 很 好 喝。
Tāmen dōu hē chá, yīnwèi zhèr de chá hěn hǎo hē.

和：…と
一起：一緒に
午饭：昼飯
都：いずれも、みんな
因为：…から、…ので

17 新しい単語3

CDを聞きながら中国語の漢字を書きましょう。

吃 chī 動 食べる

两个 liǎng ge 量 2つ

包子 bāozi 名 肉まん

呢 ne 終 …は？

来 lái 動 来る、(注文の時には)ちょうだい

一碗 yì wǎn 量 ご飯、スープなどの1杯

面 miàn 名 うどん

再 zài 副 もう、ふたたび

要 yào 動 要る、かかる

凉菜 liángcài 名 サラダ

(一)点儿 diǎnr 名 少し

什么 shénme 名 何

那边 nàbiān 代 そこ、あちら

有 yǒu 動 ある、いる

这儿 zhèr 代 ここ、こちら

好喝 hǎo hē 複 (飲み物、スープが)おいしい

コラム

春 節

　中国最大の伝統行事は旧正月の春節です。「过年」とも言います。春節に合わせて大型連休があります。年末の帰省ラッシュと年始のUターンラッシュはものすごい状態になります。
　春節のごちそうには、餃子、魚料理が欠かせません。餃子はむかしのお金の形をしているので、縁起のよい物としても重宝されます。魚は「余」と同じ発音で、「余裕」の意味が含まれており、魚料理が裕福を象徴します。

18. 基本文型 3

1. 数字

1	2	3	4	5	6	7	8	9	10	几（いくら）
yī	èr	sān	sì	wǔ	liù	qī	bā	jiǔ	shí	jǐ

11	12	19	28	56	137	多少（どのぐらい）
shíyī	shí'èr	shíjiǔ	èrshíbā	wǔshíliù	yìbǎisānshíqī	duōshao

ものの数え方

个（個）朋友（友人）・苹果（リンゴ）　　把（握って持つもの）伞（傘）・花（花束）
gè　　péngyou　　píngguǒ　　　　　　bǎ　　　　　　　　sǎn　　huā

本（さつ）书（本）・杂志（雑誌）　　　双（1対で数える）鞋（靴）・筷子（はし）
běn　　shū　　zázhì　　　　　　　　shuāng　　　　　　xié　　kuàizi

杯（はい）可乐（コーラ）・茶　　　　　条（細長いもの）领带（ネクタイ）・裤子（ズボン）
bēi　　kělè　　chá　　　　　　　　tiáo　　　　　　　lǐngdài　　kùzi

件（まい）毛衣（セーター）・上衣　　　张（平面のもの）票（チケット）・桌子（机）
jiàn　　máoyī　　shàngyī　　　　　zhāng　　　　　　piào　　　　zhuōzi

2. 主語＋述語＋（数＋助数詞）＋目的語

我 买 两 条 领带。　　　　　　　　　　　两は数を、二は順序を表す。
Wǒ mǎi liǎng tiáo lǐngdài.　　　　　　买：買う

他 有 一 个 哥哥。　　　　　　　　　　哥哥：兄
Tā yǒu yí gè gēge.　　　　　　　　　　有：はっきりと

你 没 有 书 吗？　　　　　　　　　　　没有：ない（「有」の否定）
Nǐ méi yǒu shū ma?

3. 疑問詞を使った文　　例：谁（誰）、几（いくら）、怎么（どのように）、哪儿（どこ）
　　　　　　　　　　　　　　　　shuí　　jǐ　　　zěnme　　　　nǎr

这 是 谁 的？　　　　　　　　　　　　谁：誰
Zhè shì shuí de?

这 双 鞋 多少 钱？　　　　　　　　　多少钱：いくら
Zhè shuāng xié duō shao qián?

车 站 在 哪儿？　　　　　　　　　　　车站：えき
Chē zhàn zài nǎr?

4．終助詞「呢」：「…は？」

我 看 漫画，你呢？
Wǒ kàn mànhuà, nǐ ne？

你 的 伞 呢？
Nǐ de sǎn ne？

練習3

1．次の発音記号に漢字を当て、訳しましょう。

1）Nǐ hē shén me？
2）Wǒ lái yì bēi kāfēi.
3）Nǐ chī diǎnr shén me？
4）Nǐ qù nǎr？

2．次の単語を日本語に従って正しい語順にしましょう。

1）您 点儿 什么 买　　→
（何をお求めですか）

2）吗 茶 这儿 的 好喝　　→
（ここのお茶がおいしいですか）

3）没有 邮局 学校附近　　→
（学校の付近には郵便局はありません）

4）我 一 要 点儿　　→
（少しください）

3．正しい方を選んで、訳しましょう。

1）我有一个姐姐，(你呢？/你吗？)
2）我买（二／两）双鞋。
3）咖啡（好喝／好吃）吗？
4）你常喝（什么茶吗？／什么茶？）

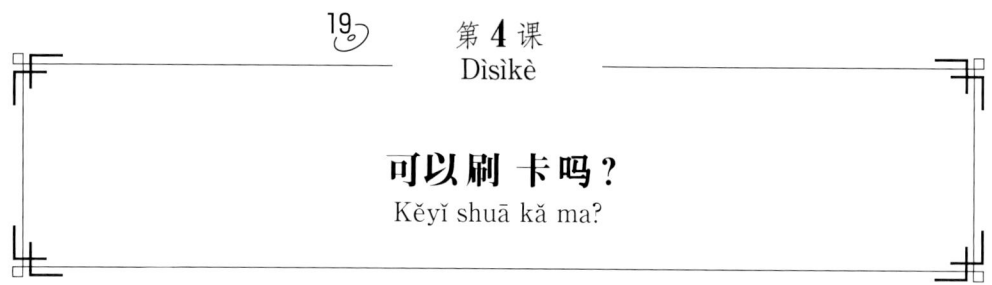

第 4 课
Dìsìkè

可以 刷 卡 吗？
Kěyǐ shuā kǎ ma?

店员：您 好，欢迎。
Diànyuán : Nín hǎo, huānyíng.

大野：我 想 买 一 件 衬衣。
Dàyě : Wǒ xiǎng mǎi yí jiàn chènyī.

店员：这 件 是 真丝 的。
Zhè jiàn shì zhēnsī de.

大野：我 试 一 试 吧。
Wǒ shì yí shì ba.

店员：今年 流行 这个 颜色。
Jīnnián liúxíng zhège yánsè.

大野：可以 刷 卡 吗？
Kěyǐ shuā kǎ ma?

店员：可以，请 签 名。
Kěyǐ, qǐng qiān míng.

ステップ4

大野 想 买 一 件 衬衣。店员 推荐 了 一 件。
Dàyě xiáng mǎi yí jiàn chènyī. Diànyuán tuījiàn le yí jiàn.

推荐：勧める

大野 买 了 一 件 蓝色 的。
Dàyě mǎi le yí jiàn lánsè de.

了：…た
蓝色：青い色

大野 刷 卡 买 衬衣。刷 卡 买 东西 的 时候，要
Dàyě shuā kǎ mǎi chènyī. shuā kǎ mǎi dōngxi de shíhou, yào

买东西：買い物をする
时候：時
要：必要だ

签 名。
qiān míng.

20 新しい単語 4

CD を聞きながら中国語の漢字を書きましょう。

欢迎 huānyíng　動　歓迎する、いらっしゃい

想 xiǎng　助動　…したい

买 mǎi　動　買う

衬衣 chènyī　名　シャツ

这件 zhèjiàn　代　この1枚（上着・セーターなどを指す）

真丝 zhēnsī　名　シルク

的 de　助　の、…製

试 shì　動　試す

吧 ba　終　…でしょう、…しましょう、…しよう

颜色 yánsè　名　色、カラー

流行 liúxíng　形　流行る

可以 kěyǐ　助動　…できる、…でもよい

刷卡 shuā kǎ　動　カード払いにする

签名 qiān míng　動　サインする

コラム

刺身に唐がらし

　ある日本人は中国の友人趙市長に刺身をごちそうしました。大きくて豪華な舟盛りの刺身がテーブルの真ん中に堂々と置かれています。

　日本人は「お刺身をどうぞ」と言いながら鯛の刺身を2切れ趙市長のお皿に取り分けました。中国人にもお客さんに料理を取ってあげる礼儀があります。ところが趙市長はなかなか食べようとしませんでした。お酒を何杯も飲んで、突然七味唐がらしの小瓶を手にするやいなや猛烈に刺身にふりかけました。薄いピンク色の鯛の刺身がたちまち紅色に変わりました。それからふりかかった唐がらしが散らないようにそっと口に入れました。好物の唐がらしで、慣れない生の魚の臭みをとったのです。食文化の違いが見てとれる出来事でした。

21 基本文型 4

1. 時の表現

今天(今日)	明天(明日)	每天(毎日)	昨天(昨日)	早上(朝)	晚上(晩)
jīntiān	míngtiān	měitiān	zuótiān	zǎoshang	wǎnshang

星期二 星期六 星期天(日曜日) 星期几(何曜日) 周二(火曜) 周日(日曜) 周末(週末)
xīngqī'èr xīngqīliù xīngqītiān　　xīngqījǐ　　zhōu'èr　zhōurì　zhōumò

去年　今年　明年　每年　春天(春)　秋天　过去(過去)　现在　将来
qùnián jīnnián míngnián měinián chūntiān　qiūtiān　guòqù　xiànzài jiānglái

今天 天气 很 好。　(時が主語になります)
Jīntiān tiānqì hěn hǎo.

我 明年 三 月 毕业。(述語の前に置きます)　　　毕业：卒業
Wǒ míngnián sān yuè bìyè.

有 星期天 的 票 吗？　(名詞を限定します)
Yǒu xīngqītiān de piào ma？

2. 「想」+動詞：「…したい。」関連表現「要」「…しなければならない。」

将来 我 想 当 护士。　(時は文頭でもよいです)　　护士：看護師
Jiānglái wǒ xiǎng dāng hùshi.

大野 很 想 学习 气功。
Dàyě hěn xiǎng xuéxí qìgōng.

我 要 退 房。　　　(強い願望を表す)　　　退房：チェックアウトする
Wǒ yào tuì fáng.

3. 動詞の重ね、または動詞+「一下」：「ちょっと…する、…してみる。」

我 介绍 介绍。　　　　　　　　　　　　　介绍：紹介する
Wǒ jièshào jieshao.

我们 休息 一下 吧。
Wǒmen xiūxi yíxià ba.

4. 「可以」+動詞：

1) 許可を表す。「…してもよい。」

可以 打搅 一下 吗？　　　　　　　　　　打搅：邪魔する
kěyǐ dǎjiǎo yíxià ma？

2）可能を表す。「できる。」
这儿可以 订 票。
Zhèr kěyǐ dìng piào.

订：予約する、注文する

練習 4

1．次の発音に中国語を当て、訳しましょう。
1）Jiānglái wǒ xiǎng dāng jīnglǐ.　_____
2）Kěyǐ shìshi ma？　_____
3）Zhè shì máo de.　_____
4）Jīnnián liúxíng shénme yánsè？　_____

毛：ウール

2．次のことばを選び、空欄を埋めましょう。
　　休息　　想　　可以　　的
1）星期天我（　　）看电影。
　（日曜日に映画が見たいです）
2）明天上午（　　）打搅一下吗？
　（明日午前中、ちょっとお邪魔してよいですか）
3）这台车是日本（　　）。
　（この車は日本製です）
4）我们休息（　　）吧。
　（ちょっと休憩しましょう）

3．次の単語を日本語に従って正しく並べましょう。
1）可以　护照　你　看々　的　吗
　（パスポートをみせてもらえますか）　_____
2）想　不　职员　当　将来　小李
　（李さんは将来サラリーマンにはなりたくありません）_____
3）上海　我　明年　春天　去
　（来春、私は上海に行きます）　_____
4）弟々　可乐　要　喝
　（おとうとはコーラをのみたいです）　_____

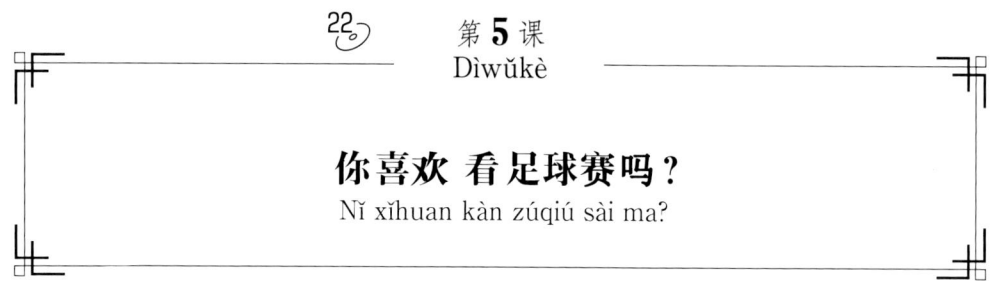

第 5 课
Dìwǔkè

你喜欢 看足球赛吗？
Nǐ xǐhuan kàn zúqiú sài ma?

大野：明天 你休息,还是 上班？
Dàyě：Míngtiān nǐ xiūxi, háishi shàngbān ?

佐藤：明天 是 星期天, 我 休息,
Zuǒténg：Míngtiān shì xīngqītiān, Wǒ xiūxi,

　　　但是 我 准备 参加 足球 赛。
　　　dànshì wǒ zhǔnbèi cānjiā zúqiú sài.

大野：我 也 去,可以 吗？
　　　Wǒ yě qù kěyǐ ma ?

佐藤：可以,你 喜欢 看 足球赛 吗？
　　　Kěyǐ, Nǐ xǐhuan kàn zúqiúsài ma ?

大野：喜欢, 我 为 你们 加油。
　　　Xǐhuan, wǒ wèi nǐ men jiāyóu.

佐藤：那, 我们 明 早 八 点 半 出发 吧。
　　　Nà, wǒmen míng zǎo bā diǎn bàn chūfā ba.

大野：好。
　　　Hǎo.

ステップ 5

佐藤 明天 休息,但是 他 准备 参加 足球 赛。
Zuǒténg míngtiān xiūxi, dànshì tā zhǔnbèi cānjiā zúqiú sài.

大野 也 想 去,因为 他 喜欢 看 足球 赛。他 想 为 佐藤 加油。
Dàyě yě xiǎng qù, yīnwèi tā xǐhuan kàn zúqiú sài. Tā xiǎng wèi Zuǒténg jiāyóu.

他们 准备 明 早 八 点 半 出发。
Tāmen zhǔnbèi míng zǎo bā diǎn bàn chūfā.

23 新しい単語 5

CDを聞きながら中国語の漢字を書きましょう。

休息 xiūxi 動 休む 名 休み
还是 háishi 接 それとも
上班 shàngbān 動 出勤する
星期天 xīngqītiān 名 日曜日
但是 dànshì 接 しかし、…が、けれど
准备 zhǔnbèi 助動 …する予定
参加 cānjiā 動 参加する
足球赛 zúqiúsài 名 サッカーの試合
喜欢 xǐhuan 動 好きだ
看 kàn 動 見る、読む
为 wèi 前 ために
加油 jiāyóu 動 頑張る、がんばれ、応援する
那 nà 接 では、じゃ、それなら
明早 míngzǎo 名 明日の朝、明朝
八点半 bādiǎnbàn 名 8時半
出发 chūfā 動 出発する

コラム

レジ袋と環境問題

　各国の環境統計を読みあさっていて強烈な数字を発見しました。1,000億枚のレジ袋を生産するのに1,200万バーレルもの原油が必要だというのです。しかもレジ袋200枚のうちわずか1枚しか再利用されていないのです。もし地球上全体で25%のレジ袋を節約できれば、二酸化炭素の排出量は自動車が1万8,000台減少するのと同じ計算になります。毎年、100万羽以上の海鳥、10万頭以上の海棲ほ乳類やウミガメがプラスチックの破片などを飲み込んで衰弱したり死亡したりしています。たかが1枚のレジ袋と安易に受け流さず、「環境に優しい消費」を人びとの日常生活に浸透させることが最も重要です。

24 基本文型 5

1. 「喜欢」+ 動詞・名詞：「…が好きだ。」

    你 喜欢 听 音乐 吗？
    Nǐ xǐhuan tīng yīnyuè ma?

    我 很 喜欢 吃 中国 菜。
    Wǒ hěn xǐhuan chī zhōngguó cài.

    北京 人 喜欢 风筝。
    Běijīng rén xǐhuan fēngzhēng.

    听音乐：音楽を聴く
    中国菜：中華料理
    风筝：凧

2. 接続詞 「还是」：「…それとも…か」

    绿茶 好, 还是 红茶 好？
    Lǜchá hǎo, háishi hóngchá hǎo?

    你 吃 饺子, 还是 吃 小笼包？
    Nǐ chī jiǎozi, háishi chī xiǎolóngbāo?

3. 接続詞 「但是」：「しかし、…が。」 関連表現は「但、可是、可」です。

    他 是 日本人, 但是 汉语 很 好。
    Tā shì Rìběnrén, dànshì Hànyǔ hěn hǎo.

    这 件 毛衣 很 便宜, 可是 颜色 不好。
    Zhè jiàn máoyī hěn piányi, kěshì yánsè bùhǎo.

    我 想 旅游, 可 没有 时间, 也 没有 钱。
    Wǒ xiǎng lǚyóu, kě méiyǒu shíjiān, yě méiyǒu qián.

    便宜：安い
    时间：時間　钱：お金

4. 前置詞 「为」+ 名詞 + 述語：「…のために…する。」

    我们 都 为 你 加油。
    Wǒmen dōu wèi nǐ jiāyóu.

    为 客人 服务。
    Wèi kèrén fúwù.

    服务：サービスする

時刻

7：30	8：00	9：55	5：06	何時
七点三十(分)	八点	差五分十点	五点零六	几点
qī diǎn sān shí	bā diǎn	chà wǔ fēn shí diǎn	wǔ diǎn líng liù	jí diǎn

練習 5

1．次の発音に中国語を当て、訳しましょう。

　1）Nǐ xǐhuan hē chá ma？　_____

　2）Wǒ zhǔnbèi míngtiān chūfā．　_____

　3）Xīngqītiān nǐmen xiūxi ma？　_____

　4）Wǒmen wèi nǐ gāoxìng．　_____

2．次のことばを選び、空欄を埋めましょう。

　　　喜欢　　但是　　为　　还是

　1）昨天是星期二,（　　　）星期三？
　　（昨日は火曜日でしたか、それとも水曜日でしたか）

　2）大家都（　　　）你担心。　　　　　　　　　　担心：心配する
　　（みんな、君のことを心配しています）

　3）我不反对,（　　　）也不赞成。
　　（私は反対しないが、賛成もしません）

　4）我很（　　　）看足球。
　　（サッカー観戦が好きです）

3．正しい方を選びましょう。

　1）我们出发（吧 / 呢）。
　　（出発しましょう）

　2）我很努力,（还是 / 但是）成绩不好。　　　　　成绩：成績
　　（とても頑張っているけれども、成績がよくありません）

　3）下周看电影,（还是 / 但是）学习汉语？
　　（来週、映画を見ますか、それとも中国語を勉強しますか）

　4）我喜欢桂林,你（吗 / 呢）？
　　（私は桂林が好きですが、君は）

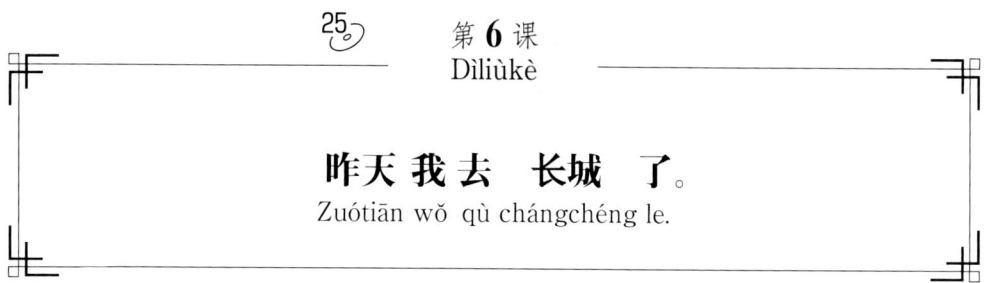

第 6 课
Dìliùkè

昨天 我 去 长城 了。
Zuótiān wǒ qù chángchéng le.

大野：昨天 我 去 长城 了。
Dàyě : Zuótiān wǒ qù chángchéng le.

佐藤：怎么 样？
Zuǒténg : Zěnme yàng?

大野：我 照 了 很 多 相。
Wǒ zhào le hěn duō xiàng.

佐藤：噢，八达岭。
Ō, Bādálǐng.

大野：你 去 过 长城 吗？
Nǐ qù guo chángchéng ma?

佐藤：去 过 两 次。
Qù guo liǎng cì.

大野：人 如果 再 大 一点儿 就 好 了。
Rén rúguǒ zài dà yìdiǎnr jiù hǎo le.

佐藤：不，应该 强调 背景。
Bù, yīnggāi qiángdiào bèijǐng.

ステップ６

大野 昨天 去 长城 了，照 相 了。
Dàyě zuótiān qù chángchéng le, zhào xiàng le.

佐藤 去 过 两 次 八达岭。大野 认为 应该   认为：と考える
Zuǒténg qù guo liǎng cì Bādálǐng. Dàyě rènwéi yīnggāi

强调 人，但是 佐藤 认为 应该 强调 背景。
qiángdiào rén, dànshì Zuǒténg rènwéi yīnggāi qiángdiào bèijǐng.

你 怎么 想？   怎么想：どう思いますか
Nǐ zěnme xiǎng?

26 新しい単語 6

CD を聞きながら中国語の漢字を書きましょう。

昨天 zuótiān 〈名〉 昨日

长城 chángchéng 〈名〉 万里の長城

怎么样 zěnmeyàng 〈組〉 どうですか、いかがですか。

了 le 〈助〉 …した

照相 zhào xiàng 〈動〉 写真を撮る

噢 ō 〈感〉 ああ、そうか

八达岭 Bādálǐng 〈地〉 八達嶺（北京の北にある万里の長城の名所）

过 guo 〈助〉 …したことがある

两次 liǎngcì 〈量〉 2回

如果…，就… rúguǒ…，jiù… 〈接〉 もし…ならば…

人 rén 〈名〉 人間、人、人類

大 dà 〈形〉 大きい

一点儿 yìdiǎnr 〈名〉 少し、ちょっと

应该 yīnggāi 〈助動〉 …するべきだ

强调 qiángdiào 〈動〉 強調する

背景 bèijǐng 〈名〉 背景、バック

コラム

エネルギーの優等生「風力発電」

　北京では新エネルギーへの転換が着々と進められています。その一環として2008年初頭、官庁ダム（北京から80km北上）の岸辺で風力発電所建設の第1期工事が完了し、年間1億kw時のクリーン電力が供給可能となりました。設置された33機の風車群は、ダムの水辺と草地にエコロジカルな雰囲気を添えています。官庁風力発電所は、オリンピック会場だけではなく、北京市100万世帯（全世帯数のほぼ4分の1に相当）へも電力を供給します。これにより、5万tの化石燃料がクリーン燃料に転換され、二酸化炭素10万t、二酸化硫黄782ｔが削減できる計算です。2010年に第2期工事（発電量を2倍に）が完了すれば、天津、塘山地区の電力網にまで拡大供給できる予定です。そうなれば北京および、その周辺の大気汚染の改善に大きく貢献できるでしょう。

27. 基本文型 6

1. 「了」過去・完了を表し、終助詞としては「…した。」

    1）助動詞過去・完了を表す。

    （1）我 已经 习惯 了。　　　　　　　　已经…了：もう…た
    　　 Wǒ yǐjīng xíguàn le.

    （2）你 买 电脑 了 吗？　　　　　　　电脑：パソコン
    　　 Nǐ mǎi diànnǎo le ma?

    （3）我 没（有）买 电脑。「…しなかった。」否定形
    　　 Wǒ méi (yǒu) mǎi diànnǎo.

    （4）小 李 还 没（有）来。「…していない。」　还：まだ
    　　 Xiǎo Lǐ hái méi (yǒu) lái.

    2）語気で新しい状況になることを表す。

    （1）太 好 了。
    　　 Tài hǎo le.

    （2）现在 方便 了。　　　　　　　　方便：便利だ
    　　 Xiànzài fāngbiàn le.

2. 動詞＋「过」：「…したことがある。」経験を表す。

    你 看 过 京剧 吗？　　　　　　　京剧：京劇
    Nǐ kàn guo jīngjù ma.

    我 没 去 过 香港。　　否定形
    Wǒ méi qù guo xiānggǎng.

    我 们 见 过, 但 是 没 说 过 话。　　见：会う
    Wǒ men jiàn guo, dàn shì méi shuō guo huà.

3. 「如果」…,（就）…。：「もし…ならば（たら）…。」関連表現「要是」…,（就）…。

    如果 有 时间, 我 想 学 油画。
    Rúguǒ yǒu shíjiān, wǒ xiǎng xué yóuhuà.

    要是 参加, 就 多 练习。　　　　　　练习：練習
    Yàoshi cānjiā, jiù duō liànxí.

4. 「应该」＋動詞：「すべきだ。」関連表現「该」

    不 应该 忘记 教训。　　　　　　　忘记：忘れる
    Bù yīnggāi wàngjì jiàoxun.

我 该 走 了。 走：帰る、行く
Wǒ gāi zǒu le.

練習6

1．次の発音記号に漢字を当て、訳しましょう。
　1）Nǐ mǎi lǐngdài le ma？　　　　　　　　　　
　2）Nǐ chī guo kǎo yā（烤鸭）ma？　　　　　　　　
　3）Rúguǒ míngtiān nǐ lái, wǒ jiù děng nǐ.　　　　
　4）Tā zuótiān méi cānjiā zúqiúsài.　　　　　　

烤鸭：ペキン・ダック

2．次の単語を日本語に従って正しい語順にしましょう。
　1）你　明天　休息　应该。
　　（明日休息したほうがいいよ）
　2）过　我　看　《三国志》。
　　（わたしは『三国志』を読んだことがあります）
　3）已经　我　了　明白。　　　　　　　　　　　明白：分かる
　　（私はもう分かりました）
　4）星期天　要是　好　天气，去　就　郊游　我们。　郊游：ピクニック
　　（日曜日天気がよければ、ピクニックに行きましょう）

3．次のことばを選び、空欄を埋めましょう。
　　　如果　　了　　过　　已经
　1）你吃（　　）鱼翅吗？
　　（フカヒレを食べたことがありますか）
　2）哥哥买（　　）一双鞋。
　　（兄はくつを一足かいました）
　3）（　　）不明白，就问问。　　　　　　　　　问：聞く
　　（分からなければ、聞いてください）
　4）她（　　）来了。
　　（彼女はもう来ました）

第 7 课
Dìqíkè

我 马上 给老师 打电话。
Wǒ mǎshàng gěi lǎoshī dǎ diànhuà.

大野 ：你 在 哪儿 练习 太极拳？
Dàyě ：Nǐ zài nǎr liànxí tàijíquán ?

佐藤 ：我 每天 早上 在 公园 练习。
Zuǒténg ：Wǒ měitiān zǎoshang zài gōngyuán liànxí.

大野 ：谁 教 你？
Shuí jiāo nǐ ?

佐藤 ：我 的 老师 姓 王。
Wǒ de lǎoshī xìng Wáng.

大野 ：你 能 不 能 给 我 介绍 介绍？
Nǐ néng bù néng gěi wǒ jièshào jieshao ?

佐藤 ：能，我 马上 给 老师 打 电话。
Néng. Wǒ mǎshàng gěi lǎoshī dǎ diànhuà.

大野 ：麻烦 你 了。
Máfan nǐ le.

ステップ 7

佐藤 每天 早上 在 公园 练习 太极拳。
Zuǒténg měitiān zǎoshang zài gōngyuán liànxí tàijíquán.

大野 也 想 学。他 让 佐藤 介绍 老师。　　让：…せる・させる
Dàyě yě xiǎng xué. Tā ràng Zuǒténg jièshào lǎoshī.

佐藤 马上 给 王 老师 打 电话 介绍 大野。
Zuǒténg mǎshàng gěi Wáng lǎoshī dǎ diànhuà jièshào Dàyě.

大野 很 感激。朋友 越 多越 好。　　越多越好：多ければ多いほどよい
Dàyě hěn gǎnjī. Péngyou yuè duō yuè hǎo.

新しい単語 7

CDを聞きながら中国語の漢字を書きましょう。

在 zài　前　…で

哪儿 nǎr　代　どこ

练习 liànxí　動　練習する

太极拳 tàijíquán　名　太極拳

教 jiāo　動　教える

老师 lǎoshī　名　先生

给 gěi　動　…に…をあげる／くれる

能 néng　助　できる（可能を表す）

能不能 néng bù néng　組　できますか（能吗？と同じで、肯定+否定=疑問）

介绍 jièshào　動　紹介する

马上 mǎshàng　副　すぐ、さっそく

打电话 dǎ diànhuà　動　電話をする

麻烦 máfan　慣　手数をかける

コラム

中華料理

　中華料理は中国語では「中国菜」といいます。しかし、「中国菜」は日本の中華料理とは味も調理法も違います。日本の中華料理は日本人の口に合うように工夫されています。

　中国菜は北京料理、四川料理、上海料理、広東料理に分かれ、その名の通り、地理的条件などによってそれぞれの特徴を持っています。600年間都である北京は、宮廷料理の伝統を受け継ぎ、高級料理には縁起物である竜や鳳凰などの飾り物が多く使われています。四川省は山に囲まれた盆地で中国の四大ストーブの一つと言われているほど夏が暑いため、料理には食欲増進、発汗をうながす香辛料が多く使われています。マーボー豆腐などはその例です。上海、広東は海に近く、海鮮料理が醍醐味です。

基本文型 7

1. 主語+「在」+場所+動詞:「…で」

    我 姐姐 在 银行 工作。
    Wǒ jiějie zài yínháng gōngzuò.

    请 在这儿 停 车。
    Qǐng zài zhèr tíng chē.

    星期 天 12 点 我 在 车站 等 你。
    Xīngqī tiān shí'èr diǎn wǒ zài chēzhàn děng nǐ.

    姐姐：姉
    工作：仕事、仕事をする
    车站：駅

2. 主語+「教」+人(に)+もの(を):「…に…を教える」
    二重目的語をともなう動詞の例：问（聞く）、送（おくる）

    汤姆 老师 教 我们 英语。
    Tāngmǔ lǎoshī jiāo wǒmen Yīngyǔ.

    我 问 老师 一个 问题。
    Wǒ wèn lǎoshī yí ge wèntí.

    问问题：質問する

3. 動詞「给」+人(に)+もの(を):「…に…をあげる、くれる」
    前置詞「给」+人(に)+動詞:「…に…してあげる／くれる」

    朋友 给 我 礼物 了。
    Péngyou gěi wǒ lǐwù le.

    我 想 给 妈妈 买 一个 包。
    Wǒ xiǎng gěi māma mǎi yíge bāo.

    厨师 给 客人 做 菜。
    Chúshī gěi kèrén zuò cài.

    礼物：プレゼント
    包：かばん
    厨师：コック
    菜：料理

4. 「能」+動詞：可能を表します。「できる、れる、られる。」

    小李 能 说 英语。 （能力的に）
    XiǎoLǐ néng shuō Yīngyǔ.

    星期二 你 能 来 吗？ （都合がよい）
    Xīngqī'èr nǐ néng lái ma?

    能 不 能 改 一下 时间？
    Néng bù néng gǎi yíxià shíjiān?

    改：変える

練習7

1．次の発音に中国語を当て、訳しましょう。

1）Máfan nǐ.

2）Wǒ gěi nǐmen jièshào yíxià.

3）Lǐ lǎoshī jiāo wǒmen Hànyǔ.

4）Yǒushì, nǐ gěi wǒ dǎ diànhuà.

2．次のことばを選び、空欄を埋めましょう。

　　　在　　给　　教　　能

1）王老师（　　）我太极拳。
（王先生は私に太極拳を教えてくれます）

2）今天喝酒了，不（　　）开车。　　　　　　　　　　开车：運転する
（今日はお酒を飲んだので、運転できません）

3）早晨，人们喜欢（　　）公园散步。
（早朝、人びとは好んで公園で散歩をします）

4）情人节，你（　　）朋友巧克力吗？　　　　　　　情人节：バレンタインデー
（バレンタインデーには友だちにチョコをあげますか）　巧克力：チョコレート

3．次の単語を日本語に従って正しく並べましょう。

1）我　请　给　一　个
（1つください）

2）这儿　在　我们　休息　吧
（ここで一休みしましょう）

3）老虎　教　上树　猫　没有
（猫は虎に木登りを教えなかったです）

4）星期五　能　不　出席　你　能
（金曜日に出席できますか）

上树：木に登る

第 8 课
Dìbākè

我 请你听 音乐 会。
Wǒ qǐng nǐ tīng yīnyuè huì

大野：喂，你在 休息 吗？
Dàyě：Wèi, nǐ zài xiūxi ma?

佐藤：没有，我 在 上 网 呢。
Zuǒténg：Méiyǒu, wǒ zài shàng wǎng ne.

大野：我 请你听 音乐 会，好 吗？
Wǒ qǐng nǐ tīng yīnyuè huì, hǎo ma?

佐藤：谢谢 你。什么 时候 的？
Xièxie nǐ. Shénme shíhou de?

大野：星期天 晚 六点 的。
Xīngqītiān wǎn liùdiǎn de.

佐藤：这样 吧，我们 先 一起 吃 饭，然后 再 去 欣赏 音乐。
Zhèyàng ba, Wǒmen xiān yìqǐ chī fàn, ránhòu zài qù xīnshǎng yīnyuè.

大野：好的，我 去 接你。
Hǎode, wǒ qù jiē nǐ.

ステップ8

大野 请 佐藤 听 音乐 会。音乐 会是 星期天 晚 六点 的。
Dàyě qǐng Zuǒténg tīng yīnyuè huì. yīnyuè huì shì xīngqītiān wǎn liùdiǎn de.

佐藤 提议 先 一起 吃 饭，然后 再 去 欣赏 音乐。　提议：提案する
Zuǒténg tíyì xiān yìqǐ chī fàn, ránhòu zài qù xīnshǎng yīnyuè.

新しい単語 8

CD を聞きながら単語を書いてみましょう。

在 zài　副　…中、ちょうど…している
上网 shàng wǎng　動　インターネットを見る
请 qǐng　動　招待する、招く、おごる
听 tīng　動　聞く
音乐会 yīnyuè huì　名　コンサート
什么时候 shénme shíhou　名　いつ
这样 zhèyàng　代　このように
先 xiān　副　さきに、まず
一起 yìqǐ　副　一緒に
然后 ránhòu　接　それから
欣赏 xīnshǎng　動　鑑賞する
音乐 yīnyuè　名　音楽
接 jiē　動　迎える

コラム

「ニート」に厳しい批評「米むし」

　85万人もいるといわれる「ニート」に関する議論は日本のメディアに大きく取り上げられています、お隣の中国でも傍観できない深刻な社会問題となっています。中国老齢科研センターの調査によると65%以上の家庭では「親の脛かじり」を抱えており、30%以上の青年が成人後も親に養ってもらった経験があるといいます。就職する年齢であるのに、なんらかの原因で定職につかず、親に養ってもらう若者のことを「脛かじり族」「穀象虫」と呼び、世間の見る目は厳しいものがあります。

33 基本文型 8

1. 動詞の進行形：副詞 $\begin{cases} 在 \\ 正＋動詞、文末に「呢」をつけて呼応させて使うこともあります。 \\ 正在 \end{cases}$

　　静一静，学生 们 在 上课。
　　Jìng yí jìng, xuésheng men zài shàng kè.

　　经理 正在 开会 呢。
　　Jīnglǐ zhèngzài kāi huì ne.

　　佐藤 戴着 眼镜。
　　Zuǒténg dài zhe yǎnjìng.

上课：授業を受ける
开会：会議をする
戴眼镜：メガネをかける

2. 「请」＋人＋動作：「招待する、お願いする。」

　　有 时间，我 请 你 吃 饭。
　　Yǒu shíjiān, wǒ qǐng nǐ chī fàn.

　　请 朋友 帮 忙。
　　Qǐng péngyou bāng máng.

帮忙：助ける

3. 「先」＋動作1、「然后」＋動作2「まず…、それから…」

　　先 打 电话，然后 去。
　　Xiān dǎ diànhuà, ránhòu qù.

　　先 坐 电车，然后 换 乘 五路汽车。
　　xiān zuò diànchē, ránhòu huàn chèng wǔ lù qìchē.

换乘：乗り換える
汽车：バス

4. 「去・来」＋動詞：「…しに行く、…しに来る」

　　我去 车站 接 朋友 了。
　　Wǒ qù chēzhàn jiē péngyou le.

　　小李 来 日本 学习 经济学。
　　XiǎoLǐ lái Rìběn xuéxí jīngjìxué.

　　休息的 时候，来 我 家 玩儿 吧。
　　Xiūxi de shíhou, lái wǒ jiā wánr ba.

经济：経済
玩儿：遊ぶ

練習8

1．次の発音に中国語を当て、訳しましょう。

　　1）Nǐ zài tīng shénme？　　　　＿＿＿＿＿＿＿＿＿＿＿＿＿＿＿＿

　　　　Wǒ zài tīng yīnyuè.　　　　＿＿＿＿＿＿＿＿＿＿＿＿＿＿＿＿

　　2）Nǐ děng shuí ne？　　　　　＿＿＿＿＿＿＿＿＿＿＿＿＿＿＿＿

　　　　Wǒ děng péngyou ne.　　　＿＿＿＿＿＿＿＿＿＿＿＿＿＿＿＿

2．次のことばを選び、空欄を埋めましょう。

　　　　去　　请　　然后　　在

　　1）我（　　）你吃冰激凌吧。　　　　　　　　冰激凌：アイスクリーム
　　　（アイスクリームをおごります）

　　2）先在车站集合，（　　）一起出发。　　　　出发：出発する
　　　（まず駅で集合し、それから一緒に出発します）

　　3）我常（　　）超市买东西。　　　　　　　　超市：スーパー
　　　（私はよくスーパーで買い物をします）

　　4）他（　　）打电话。
　　　（彼は今電話中です）

3．次の単語を日本語に従って正しく並べましょう。

　　1）你　去　什么时候？
　　　（いつ行きますか）

　　2）弟弟　在　电视　看　呢。
　　　（弟はテレビを見ています）

　　3）我们　商量　正在　现在。　　　　　　　　商量：相談する
　　　（今検討中です）

　　4）去　电影　看　我们　吧。　　　　　　　　电影：映画
　　　（映画を見に行きましょう）

第 9 课
Dìjiǔkè

我 好像 感冒了。
Wǒ hǎoxiàng gǎnmào le.

医生：你觉得 怎么了？
Yīshēng: Nǐ juéde zěnme le?

大野：我 好像 感冒了。
Dàyě: Wǒ hǎoxiàng gǎnmào le.

医生：把嘴 张 开，说"啊"。
Bǎ zuǐ zhāng kāi, shuō "a".

大野：啊。嗓子 特别 疼。
A. sǎngzi tèbié téng.

医生：因为 扁桃体 化 脓 了，所以 发烧。
Yīnwèi biǎntáotǐ huà nóng le. suǒyǐ fāshāo.

你要 吃 消炎 药，休息 三天，还要 多喝 水。
Nǐ yào chī xiāoyán yào, xiūxi sāntiān, hái yào duō hē shuǐ.

大野：谢谢，大夫。
Xièxie, dàifu.

ステップ 9

大野 嗓子 疼。他觉得 好像 感冒 了。他去 医院 看 病。
Dàyě sǎngzi téng. Tā juéde hǎoxiàng gǎnmào le. Tā qù yīyuàn kàn bìng.

医生 让 大野 吃 消炎 药，休息 三天，还要 多喝 水。　让：に…をさせる、…せる
Yīshēng ràng Dàyě chī xiāoyán yào, xiūxi sāntiān, hái yào duō hē shuǐ.

35 新しい単語 9

CDを聞きながら単語を書いてみましょう。

好像 hǎoxiàng 副 …のようだ
感冒 gǎnmào 動 風邪を引く
医生 yīshēng 名 医師
觉得 juéde 動 感じる
怎么 zěnme 代 どう、どのよう
把 bǎ 前 …を
嘴 zuǐ 名 口、口腔
张开 zhāng kāi 動 開ける
说 shuō 動 言う、話す、しゃべる
啊 a 感 あ
嗓子 sǎngzi 名 のど
特别 tèbié 副 とても、特に
疼 téng 形 痛い
因为…，所以… yīnwèi…, suǒyǐ… 接 …から、…ので
扁桃体 biǎntáotǐ 名 扁桃腺
化脓 huà nóng 動 化膿
发烧 fā shāo 動 熱を出す
要 yào 助動 …しなければならない、…したほうがよい
吃 chī 動 薬を飲む、食べる
消炎药 xiāoyán yào 名 抗生物質
三天 sān tiān 名 3日
还 hái 副 それに
水 shuǐ 名 水分、水

コラム

就職氷河期を乗り越えるために

中国では、5年ほど前から毎年4月になると新卒者の就職問題が話題になります。7月の卒業を控えて、順調に就職できるかどうかは一番の関心事です。その背景には1999年から高等教育機関（4年制大学と専門学校を含む）への進学率を一挙に56％に引き上げたことにあります。

進学率の大幅拡大により、2002年から人材の供給過剰を招きました。新卒の未就職者数が急増し、就職の氷河期に入っていきました。事態の深刻さを受けて大学教育のあり方を問う議論が高まっていますが、複数の資格を持っていれば就職の道は広がるでしょう。

36 基本文型 9

1. 「好像」:「…のようだ。」

   火车 好像 晚 点 了。
   Huǒchē hǎoxiàng wǎn diǎn le.

   我们 好像 见 过。
   Wǒmen hǎoxiàng jiàn guo.

   火车：電車
   晚点：遅れる

2. 「把」+ 名詞:「…を」(目的語を動詞の前に置く場合に使う)

   我 把 伞 忘 了。
   Wǒ bǎ sǎn wàng le.

   把 门 打 开。
   Bǎ mén dǎ kāi.

   打开：開ける

3. 「因为…，所以…」:「…から、…ので」

   因为 钱 不 够, 所以 没 买。
   Yīnwèi qián bú gòu, suǒyǐ méi mǎi.

   我 想 去 西安, 因为 那儿 有 兵马 俑。
   Wǒ xiǎng qù Xī'ān, yīnwèi nàr yǒu Bīngmǎ yǒng.

   够：足りる

4. 「要」+ 述語:「…しなければならない。」関連表現として、「得」があります。

   明天 我 要 打 工。
   Míngtiān wǒ yào dǎ gōng.

   快 考试 了, 我 得 复习 了。
   Kuài kǎoshì le, wǒ děi fùxí le.

   打工：アルバイトをする
   快…了：もうすぐ…だ
   考试：試験

   注:「要」は実行する願望を、「想」は考える段階の願望を表します。

   春节 我 要 回家。
   Chūnjié wǒ yào huíjiā.

   春节：旧正月
   回家：帰省する

5. 時間量

   一个 小时(一時間)　两 天(二日間)　一个 星期(一週間)　两 个 月(二ヶ月)
   yí gè xiǎoshí　　　liǎng tiān　　　yí gè xīngqī　　　liǎng gè yuè

   几个 小时(何時間)　两 次(二回)　几次(何回)　一会儿(しばらく)
   jǐ gè xiǎoshí　　　liǎng cì　　　jǐ cì　　　yíhuìr

練習9

1．次の発音に中国語を当て、訳しましょう。

1）Wǒ jué de hěn téng. _____
2）Nǐ yào duō xiū xi. _____
3）Wǒ hǎoxiàng fā shāo. _____
4）Nǐ yào chī xiāoyán yào. _____

2．次のことばを選び、空欄を埋めましょう。

　　因为　　说　　把　　好像

1）经理（　　）可以。
　（社長がよいと言った）
2）这儿（　　）很静。
　（ここは静かなようです）
3）我（　　）东西忘了。
　（私は荷物を忘れてしまいました）
4）（　　）我想去中国，所以学习汉语。
　（中国に行きたいので、中国語を習っています）

3．次の単語を日本語に従って正しく並べましょう。

1）特别　头　疼
　（頭がとても痛いです）　_____
2）爸爸　上班　要　每天
　（父は毎日仕事をしなければなりません）　_____
3）大家　想　怎么
　（みなさんはどう思いますか）　_____
4）小李感冒了，没有　所以　来
　（李さんは風邪を引いたので来ていません）　_____

上班：出勤する

第 10 课
Dìshíkè

请 到国际饭店。
Qǐng dào guójì fàndiàn.

司机：您 到哪儿？
Sījī：Nín dào nǎr?

客人：请 到 国际 饭店。
Kèrén：Qǐng dào guójì fàndiàn.

司机：请 关 好 门。您 是 从 日本 来 的 吧？
Qǐng guān hǎo mén. Nín shì cóng Rìběn lái de ba?

客人：是 的。
Shì de.

司机：听 说 日本 很 美。
Tīng shuō Rìběn hěn měi.

客人：从 机场 到 国际 饭店 要 多 长 时间？
Cóng jīchǎng dào guójì fàndiàn yào duō cháng shíjiān?

司机：大约 要 半 个 小时 左右。
Dàyuē yào bàn ge xiǎoshí zuǒyòu.

ステップ 10

客人 坐 出租 车 去国际 饭店。在 中国
Kèrén zuò chūzū chē qù guójì fàndiàn. Zài Zhōngguó

坐 出租 车 的 时候，客人 关 门。一个 地方
zuò chūzū chē de shíhou, kèrén guān mén. Yíge dìfāng

有 一个 习惯。不 知道 要 问问。
yǒu yí ge xíguàn. bù zhīdào yào wènwen.

地方：ところ
知道：知る
问：聞く

新しい単語 10

CD を聞きながら単語を書いてみましょう。

到 dào 動 行く

国际饭店 guójì fàndiàn 名 国際飯店（ホテル）

司机 sījī 名 運転手

关好 guān hǎo 動 ちゃんと閉める

门 mén 名 ドア

从 cóng 前 …から

是…的 shì…de 組 動作を回想して表現する

听说 tīngshuō 頭 話によると…そうだ

到 dào 前 …まで

要 yào 動 かかる

多长时间 duō cháng shíjiān 名 どのぐらいの時間

大约 dàyuē 副 だいたい

半个小时 bàn ge xiǎoshí 名 30分

コラム

子どもの日

　6月1日は中国の「子どもの日」です。中国では1978年から「一人っ子」政策が実施され、はや30年以上になりますが、政府の統計によると、3億人の人口減を果たし、現在全国に約1億人の一人っ子がいるといわれています。

　一人っ子たちは親や祖父母たちの期待に応え、必死に勉強せざるを得ません。大人たちは、唯一の子を立派に育てようと力が入ります。「子どもが生まれた時から早期教育が始まる」と子どもビジネスを狙った外国人は言います。美術、スポーツ、芸術、音楽などの英才教育に中国では強い関心が集まっており、エリート教育は幼少期から行われています。

基本文型 10

1. 動詞＋「好」：「完成する、できあがる」

    论文 写 好 了 吗 ?
    Lùnwén xiě hǎo le ma ?

    准备 好 了, 就 出发。
    Zhǔnbèi hǎo lè, jiù chūfā.

    写：書く
    准备：用意する
    就：すぐ…と…次第

2. 「从」＋名詞：「…から」起点を表します。「到」「…まで」と一緒に使うこともあります。

    我 从 日本 来。
    Wǒ cóng Rìběn lái.

    我 从 零 开始 学习 汉语。
    Wǒ cóng líng kāi shǐ xuéxí Hànyǔ.

    开始：始める

    公司 从 明天 到 星期一 休息。
    Gōngsī cóng míngtiān dào xīngqīyī xiūxi.

3. 「是…的」：時間、方法、場所を回想して表現します。「…は…したのだ。」

    小 李 是 去年 结婚 的。
    Xiǎo Lǐ shì qùnián jiéhūn de.

    结婚：結婚する

    我 是 看 书 知道 的。
    Wǒ shì kàn shū zhīdào de.

    他 是 从 美国 来 的。
    Tā shì cóng Měiguó lái de.

4. 「听说」

    1) 听说：「聞く」

    昨天 的 事 我 已经 听说 了。
    Zuótiān de shì wǒ yǐjīng tīngshuō le.

    2) 听说＋文：「話によると…そうだ。」

    听说 红酒 对 身体 很 好。
    Tīngshuō hóngjiǔ duì shēntǐ hěn hǎo.

    红酒：ワイン、对：…に

練習 10

1. 次の発音に中国語を当て、訳しましょう。

　1) Nǐ shì cóng nǎr lái de？　
　　　Wǒ shì cóng Rìběn lái de.　

　2) Nǐ dào nǎr？　
　　　Wǒ dào jīchǎng.　

2. 次のことばを選び、空欄を埋めましょう。

　　　大约　　从　　好　　到

　1) (　　) 这儿去很近。
　　　(ここから行くと近いです)
　2) 从我家 (　　) 车站要10分钟。
　　　(家から駅まで10分かかります)
　3) (　　) 等了一个小时。
　　　(だいたい1時間待ちました)
　4) 大家准备 (　　) 了吗？
　　　(みなさん用意はできましたか)

3. 次の単語を日本語に従って正しく並べましょう。

　1) 这儿　从　到　车站　多少钱　要
　　　(ここから駅までどのくらいかかりますか)　
　2) 美国　从　他　来　吗
　　　(彼はアメリカから来ましたか)　
　3) 保管　请　好　东西　您的
　　　(荷物をちゃんと管理しましょう)　
　4) 到　请　国际饭店
　　　(国際ホテルまでお願いします)

第 11 课
Dìshíyīkè

昨天你休息得好吗？
Zuótiān nǐ xiūxi de hǎo ma?

佐藤：昨天 你休息得好 吗？
Zuǒténg : Zuótiān nǐ xiūxi de hǎo ma?

大野：昨天 爬 黄山 太累了,所以 睡 得很 香。
Dàyě : Zuótiān pá huángshān tài lèi le, suǒyǐ shuì de hěn xiāng.

佐藤：好, 明天 我们 准备 爬 泰山。
Hǎo, míngtiān wǒmen zhǔnbèi pá tàishān.

大野：泰山 比 黄山 有名 吗？
Tàishān bǐ huángshān yǒumíng ma ?

佐藤：它们 都是世界 遗产, 值得一去。
Tāmen dōu shì shìjiè yíchǎn, zhídé yí qù.

大野：我们 怎么去 泰山？
Wǒmen zěnme qù Tàishān ?

佐藤：坐 汽车 到 曲阜。曲阜离 泰山 不 远。
Zuò qìchē dào Qǔfǔ. Qǔfǔ lí tàishān bù yuán.

ステップ 11

　黄山 和 泰山 都是世界 遗产。
Huǎngshān hé Tàishān dōu shì shìjiè yíchǎn.

　黄山 如 盆景, 泰山 似 仙境。
Huǎngshān rú pénjǐng, Tàishān sì xiānjìng.

如：…の如く
盆景：盆栽
似：…のようだ
离：…から

　泰山 离曲阜 很近,曲阜是 孔子 的 故乡。
Tàishān lí Qǔfǔ hěn jìn, Qǔfǔ shì Kǒngzǐ de gùxiāng.

　泰山 和 孔子的 故乡 都 值得一去。
Tàishān hé kǒngzǐ de gùxiāng dōu zhídě yí qù.

🔊41 新しい単語 11

CDを聞きながら単語を書いてみましょう。

得 de 助 動詞や形容詞+「得」で、結果・程度を表す。
累 lèi 形 疲れる
睡 shuì 動 寝る、睡眠をとる
香 xiāng 形 ぐっすり、香ばしい
好 hǎo 接 OK、よろしい
爬山 páshān 動 登山する
泰山 Tàishān 名 山東省にある名山
比 bǐ 前 …より
黄山 Huángshān 名 安徽省にある名山
有名 yǒumíng 形 有名だ
它们 tāmen 代 それら
世界遗产 shìjièyíchǎn 名 世界遺産
值得一去 zhíde yí qù 慣 一度行く値打ちがある
怎么 zěnme 代 どのように、どうして
坐 zuò 動 乗る、…で
汽车 qìchē 名 バス、自動車
曲阜 Qǔfù 名 孔子の故郷
离 lí 前 …から
远 yuǎn 形 遠い

コラム

来客へのもてなし

中国では来客に対して熱いお茶やタバコを出して歓迎の意を示します。食事に招待する時は6、8、10…と偶数の品数を出します。料理をたくさん出すことによって誠意を表します。日本人はせっかくの御馳走を残しては悪いと思うでしょうが、中国では残してもよいことになっています。料理を少しも残さずに食べられてしまうと、ホストは「料理が少なかったのかしら」、「お客さん、お腹いっぱいにならなかったかしら」、「けちだったかしら」と不安に思うからです。

基本文型 11

1. 動詞+「得」+形容詞：動詞のできぐあい、程度などを示します。

    小 李 跑 得 很 快。
    Xiǎo Lǐ pǎo de hěn kuài.

    跑：走る

    你 汉语 说 得 很 流利。
    Nǐ Hànyǔ shuō de hěn liúlì.

    流利：流暢だ

    注：形容詞+得+副詞の文型もあります。形容詞の程度を示します。

    最近 忙 得 要 死。　　天气 热 得 很。
    Zuìjìn máng de yào sǐ.　Tiānqì rè de hěn.

2. 「比」+名詞：「…より」

    上 海 比 北 京 暖 和。
    Shànghǎi bǐ Běijīng nuǎnhuo.

    暖和：暖かい

    第二名 比 第一名 只 慢 一 秒。
    Dì'èrmíng bǐ dìyīmíng zhǐ màn yì miǎo.

    第二名：2番目

    这 个 没 有 那 个 好。否定形「…ほど…ない。」
    Zhè ge méi yǒu nà ge hǎo.

3. 「和」+名詞：「…と」関連表現「跟」…と、…について

    今 天 我 和 朋 友 去 看 电 影。
    Jīntiān wǒ hé péngyou qù kàn diànyǐng.

    中 国 的 汉字 和 日本 的 不 一样。
    Zhōngguó de Hànzì hé Rìběn de bù yíyàng.

4. 「用」…動詞：「…で」交通手段や道具などを表します。

    我 每 天 坐 电 车 来 学 校。
    Wǒ měitiān zuò diànchē lái xuéxiào.

    电车：電車

    你们 坐 飞机 去 北京 吗？
    Nǐmen zuò fēijī qù Běijīng ma?

    飞机：飛行機

    骑 自行车 要 十 分 钟。
    Qí zìxíngchē yào shí fēn zhōng.

    自行车：自転車

    中国人 和 日本人 都 用 筷子 吃 饭。
    Zhōngguórén hé Rìběnrén dōu yòng kuàizi chī fàn.

練 習 11

1．次の発音に中国語を当て、訳しましょう。

 1）Zuótiān wǒ xiūxi de bù hǎo.　　_____

 2）Nǐ de Hànyǔ bǐ wǒ hǎo.　　_____

 3）Wǒmen zuò qìchē qù ba.　　_____

 4）Nǐ měitiān zěnme lái ?　　_____

2．次のことばを選び、空欄を埋めましょう。

　　　比　　和　　坐　　得

 1）我（　　）朋友一起打网球。
　　（私は友人と一緒にテニスをします）

 2）东京（　　）上海人口多。　　　　　　　东京：東京
　　（東京は上海より人口が多いです）

 3）球迷们来（　　）很早。　　　　　　　　球迷：ファン
　　（ファンたちは早く来ました）

 4）你（　　）过磁浮列车吗？　　　　　　　磁浮列车：リニアモーターカー
　　（リニアモーターカーに乗ったことがありますか）

3．次の単語を日本語に従って正しく並べましょう。

 1）金牌　银牌　比　快　一秒　　金牌：金メダル　_____
　　（金メダルの人は銀メダルの人より1秒速いです）

 2）你　得　说　流利　很　英语　_____
　　（英語がとても上手に話せますね）

 3）睡　昨天　我　得　香　很　_____
　　（昨日はよく眠れました）

 4）我们　飞机　去　坐　上海　_____
　　（私たちは飛行機で上海に行きます）

第 12 课
Dìshíèrkè

一边读一边写。
Yìbiān dú yìbiān xiě.

大野 ：你会的单词 真 多。
Dàyě ：Nǐ huì de dāncí zhēn duō.

佐藤 ：还 差 得 远 呢。
Zuǒténg ：Hái chà de yuǎn ne.

大野 ：你 怎么 记单词？
Nǐ zěnme jì dāncí?

佐藤 ：一边 读 一边 写。
Yìbiān dú yìbiān xiě.

大野 ：我 把 单词 写 在 本子 上，
Wǒ bǎ dāncí xiě zài běnzi shàng,
经常 看看 也可以吧？
Jīngcháng kànkan yě kěyǐ ba?

佐藤 ： 当然， 不过 坚持 最 重要。
Dāngrán, búguò jiānchí zuì zhòngyào.

ステップ 12

佐藤 记单词的 方法 是 一边 读 一边 写。
Zuǒténg jì dāncí de fāngfǎ shì yìbiān dú yìbiān xiě.

大野记单词的 方法 是把单词写在本子 上， 然后 经常 看看。
Dàyě jì dāncí de fāngfǎ shì bǎ dāncí xiě zài běnzi shàng, ránhòu jīngcháng kàn kan.

不论 什么 方法 都 必须 坚持。　　　　　**什么方法**：どんな方法
Búlùn shénme fāngfǎ dōu bìxū jiānchí.
　　　　　　　　　　　　　　　　　　　　不论：でも
积 土 成 山 嘛。　　　　　　　　　　　　**必须**：必ず
Jī tǔ chéng shān ma.

新しい単語 12

CDを聞きながら単語を書いてみましょう。

会 huì 動 できる
单词 dāncí 名 単語
真 zhēn 副 本当に
差 chà 動 足りない
怎么 zěnme 代 どのようにして
记 jì 動 覚える
一边…一边… yìbiān…yìbiān… 副 …しながら
把 bǎ 前 …を
写 xiě 動 書く
本子 běnzi 名 ノート
经常 jīngcháng 副 しょっちゅう、よく
当然 dāngrán 形 当然だ
不过 búguò 接 でも、しかし
坚持 jiānchí 動 続ける
最 zuì 副 最も

コラム

健康ブーム

　中国の朝は早いです。外が明るくなると、人びとは「晨練」(朝のトレーニング) をするために公園や広場に急ぎます。私も近くの公園に行ってみて驚きました。朝のトレーニングなのにスポーツウェアではなく、女性はドレスアップ、男性は気の利いた身なりだったのです。

　公園の中では社交ダンス、ディスコダンス、太極拳、気功などがそれぞれグループで行われていました。西洋と東洋の文化がここで共存しています。さらに奥へ行くと、卓球をする人もいるし、ラジオ体操をする人もいます。朝のトレーニングは多種多様です。

45 基本文型 12

1. 「会」：趣味や技能などが 「…できる。」

    関連表現「能」はあるレベルに達することを意味します。

    你会游泳吗？
    Nǐ huì yóu yǒng ma?

    会，我能游一千米。
    Huì, wǒ néng yóu yì qiān mǐ.

2. 「怎么」+ 動詞：「どのように…する。」方法、原因などを聞く時に使います。

    「さようなら」用 汉语 怎么 说？
    Yòng Hànyǔ zěnme shuō?

    去车站怎么走？
    Qù chēzhàn zěnme zǒu?

    你怎么不买电脑？
    Nǐ zěnme bù mǎi diànnǎo?

3. 「一边」+ 動詞「一边」+ 動詞：「…しながら…する。」

    関連表現には「動詞 + 着 + 動詞」があります。

    很多学生一边打工一边学习。
    Hěn duō xuéshēng yìbiān dǎ gōng yìbiān xuéxí.

    来不及了，边走边说吧。　　　　　　　　　　　　来不及：間に合わない
    Lái bù jí le, biān zǒu biān shuō ba.

    开着车打手机很危险。　　　　　　　　　　　　　危险：危ない
    Kāi zhe chē dǎ shǒujī hěn wēixiǎn.

4. 動詞 +「在」：動作の結果がとどまることを示します。「…に」。

    你住在哪儿？
    Nǐ zhù zài nǎr.

    可以坐在这儿吗？
    Kěyǐ zuò zài zhèr ma?

練習12

1. 次の発音に中国語を当て、訳しましょう。

   1) Qǐngwèn, guójì diànhuà（国际电话）zěnme dǎ？
   2) Yìbiān dú yìbiān xiě.
   3) Hái chà de yuǎn ne.
   4) Qǐng bǎ nǐ de dìzhǐ（地址）xiě zài zhèr.

   国际电话：国際電話
   地址：住所

2. 次のことばから選び、空欄を埋めましょう。

   　　怎么　一边　差　在

   1) 我喜欢一边吃饭（　　）看电视。
      （私はご飯を食べながらテレビを見るのが好きです）
   2) 你昨天（　　）没来？
      （あなたは昨日どうして来なかったのですか）
   3) 请把名字写（　　）这儿。
      （ここにお名前を書いてください）
   4) 还（　　）五分钟八点。
      （8時5分前です）

3. 次の単語を日本語に従って正しく並べましょう。

   1) 你　会　的　真　多　歌　→
      （君は歌える歌が本当に多いですね）
   2) 最好，想　边　边　说　→
      （最もよいのは、考えながら話すことです）
   3) 教训　把　在　刻　心里　→
      （教訓を心に刻みます）
   4) 坚持　重要　最　→
      （持続することが最重要です）

第 13 课
Dìshísānkè

到 朋友 的老家 过年。
Dào péngyou de lǎo jiā guònián.

佐藤：快 过 年 了，你 有 什么 打算？
Zuǒténg: Kuài guò nián le, nǐ yǒu shénme dǎsuàn?

大野： 朋友 邀我到他的老家过 年。
Dàyě: Péngyou yāo wǒ dào tā de lǎo jiā guò nián.

佐藤：那 是 体验 中国 风俗 习惯 的 好 机会啊！
Nà shì tǐyàn zhōngguó fēngsú xíguàn de hǎo jīhuì a!

大野：唉， 中国 过年 有哪些 风俗？
Ái, Zhōngguó guònián yǒu nǎ xiē fēngsú?

佐藤：主要 有：扫 尘，贴 年 画，贴福字，贴 春联， 放 爆竹，吃 年
zhǔyào yǒu: sǎo chén, tiē nián huà, tiē fúzì, tiē chūnlián, fàng bàozú, chī nián

夜饭，拜 年，给孩子压岁 钱 等……。太 多 了。
yèfàn, bài nián, gěi háizi yā suì qiǎn děng……. Tài duō le.

大野：年 夜饭 都 吃 什么？
Nián yè fàn dōu chī shénme?

佐藤：要 吃 饺子、鱼和 年糕。
Yào chī jiǎozi, yú hé niángāo.

大野：这些 日本 都 有。
Zhèxiē Rìběn dōu yǒu.

佐藤：不过，意思不 一样。
Búguò, yìsī bù yíyàng.

比如：吃 饺子的意思是 吉祥， 招 财进 宝。
Bǐrú: Chī jiǎozi de yìsi shì jíxiáng, zhāo cái jìn bǎo.

吃 鱼 的意思是：富裕，年年 有 余。
Chī yú de yìsi shì: fùyù, niánnián yǒu yú.

大野：有 道理。吃 年糕 的寓意呢？
Yóu dàoli. chī niángāo de yùyì ne?

第13课　到朋友的老家过年。　63

佐藤：吃　年糕　的寓意 是 万事如意，年年　高。
　　　Chī niángāo de yùyì shì wànshìrúyì niánnián gāo.

大野：太　棒　了。你 真 是 一个　中国　通。我 要　向 你 学习。
　　　Tài bàng le. Nǐ zhēn shì yíge zhōngguó tōng. Wǒ yào xiàng nǐ xuéxí.

佐藤：你 过　奖　了。
　　　Nǐ guò jiǎng le.

大野：谢谢，我 会　给 你 带 礼物 的。
　　　Xièxie, wǒ huì gěi nǐ dài lǐwù de.

佐藤：别　忘　了。
　　　Bié wàng le.

47 新しい単語 13

CDを聞きながら単語を書いてみましょう。

老家 lǎojiā　名　旧家

过年 guò nián　名　年越し

快……了 kuài……le　組　もうすぐ……だ

邀 yāo　動　招く

机会 jīhuì　名　機会

对 duì　形　そのとおりだ

年糕 niángāo　名　お餅

这些 zhèxiē　代　これら

不过 búguò　接　しかし

一样 yíyàng　形　同じだ

比如 bǐrú　名　たとえば

扫尘 sǎochén　動　すす払い

贴 tiē　動　貼る

福字 fúzì　名　四角い紙に書いた福の字

春联 chūnlián　名　めでたい言葉を書いた対句

放爆竹 fàng bàozú　動　爆竹をする

年夜饭 niányè fàn　名　大晦日の一家団欒の食事

拜年 bàinián　動　年始に回る

孩子 háizi　名　子ども

压岁钱 yā suìqián 名 お年玉
意思 yìsi 名 意味
招财进宝 zhāocáijìnbǎo 慣 金儲けがよい
富裕 fùyù 形 豊かだ
年年有余 niánnián yǒuyú 慣 毎年余裕がある
寓意 yùyì 名 寓意
万事如意 wànshìrúyì 慣 豊かだ、何でも意のまま
高 gāo 形 昇進
道理 dàoli 名 とおり
会……的 huì……de 組 きっと
过奖 guòjiǎng 動 褒めすぎ

48 基本文型 13

1. 連体修飾「的」の使い方

   愉快 的 旅行 给 我 留下 了 难 忘 的 记忆。
   Yúkuài de lǚxíng gěi wǒ liúxià le nán wàng de jìyì.

   金牌 是 四 年 辛勤 努力的 结果。
   Jīnpái shì sì nián xīnqín nǔlì de jiéguǒ.

   愉快：楽しい
   留下：残す
   记忆：記憶、思い出
   金牌：金メダル
   辛勤：勤勉に

2. 「向」：「…に」

   请 向 家人 带好。
   Qǐng xiàng jiā rén dài hǎo.

   向 前 走 50 米，就 看见 了。
   Xiàng qián zǒu wǔshí mǐ, jiù kànjiàn le.

   家人：家族
   米：メートル

3. 「会……的」：可能性があることを表します。「…だろう」

   我 爸爸 一定 会 喜欢 的。
   Wǒ bàba yídìng huì xǐhuan de.

   现在 不努力,将来 会 后悔 的。
   Xiànzài bù nǔlì, jiānglái huì hòuhuǐ de.

   一定：きっと
   后悔：後悔する

4．「別」+動詞：禁止を表します。「…しないように」「するな」、関連表現「不要」、「禁止」

天气 很 冷，别 感冒 了。
Tiānqì hěn lěng, bié gǎnmào le.

请 不要 忘 了 您的 东西。　　　　　　　　东西：荷物、もの
Qǐng búyào wàng le nín de dōngxi.

練 習 13

1．次の発音に中国語を当て、答えましょう。

1）Kuài fàngjià（放假）le, nǐ yǒu shénme dǎsùan？
　　　　　　　　　　　　　　　　　　　　　　　放假：休み

2）Nà shì tǐyàn zhōngguó xíguàn de hǎo jīhuì.

3）Wǒ yào xiàng nǐ xuéxí.

4）Bié wàng le.

2．次のことばを選び、空欄を埋めましょう。

　　　的　　別　　向　　给

1）喜欢看漫画（　　）孩子很多。　　　　　　孩子：子ども
2）（　　）忘了您的东西。
3）我（　　）大家道歉。
4）你（　　）我发伊妹儿，好吗？

3．次の単語を日本語に従って正しく並べましょう。

1）朋友　邀　过年　我　到　他家
（友達が年越しに誘ってくれました）

2）这　不可缺少　是　的　材料
（これは欠かせない材料です）

3）了　快　春天　到
（もうすぐ春です）

4）过年　日本　风俗　有　哪些？
（日本のお正月にはどんな習慣がありますか）

読 み 物

1. 爱迪生 的 故事
   Àidíshēng de gùshi

   你 听说 过 爱迪生 的 故事 吗?
   Nǐ tīngshuō guo Àidíshēng de gùshi ma?

   孩 时 的 爱迪生 体质 很 弱, 但是 他 很 喜欢 动脑。他的 好奇心
   Hái shí de Àidíshēng tǐzhì hěn ruò, dànshì tā hěn xǐhuan dóngnǎo. Tā de hàoqíxīn
   特别 强, 常 问 为 什么。妈妈 当 过 小 学 老师, 她 知道
   tèbié qiáng, cháng wèn wèi shénme. Māma dāng guo xiǎo xué lǎoshī, Tā zhīdào
   好奇 是 打开 神秘 知识 宝库 的 钥匙。没 有 好奇心 的 孩子 不 能
   hàoqí shì dǎkāi shénmì zhīshi bǎokù de yàoshi. Méi yǒu hàoqíxīn de háizi bù néng
   成 大器。所以 每当 爱迪生 问 为 什么 时, 妈妈 总是 微 笑
   chéng dàqì. Suǒyǐ měidāng Àidíshēng wèn wèi shénme shí, māma zǒngshì wēi xiào
   着 给 年幼 的 爱迪生 详细 解答。
   zhe gěi niányòu de Àidíshēng xiángxì jiědá.

   爱迪生 一生 写 了 三千 八百 本 笔记。记下 了 每 一个 灵感
   Àidíshēng yìshēng xiě le sānqiān bābǎi běn bǐjì. Jìxià le měi yíge línggǎn
   和 发现。有 了 这些 记录, 他 一生 发明 了 一千 多 项 成果。
   hé fāxiàn. Yǒu le zhèxiē jìlù, tā yìshēng fāmíng le yìqiān duō xiàng chéngguǒ.
   他 给 人类 带 来 了 无限 的 光明。
   Tā gěi rénlèi dài lái le wúxiàn de guāngmíng.

爱迪生：エジソン、故事：物語、动脑：頭を使う、为什么：なぜ、钥匙：かぎ、总是：いつも、灵感：閃き、发现：発見、记录：記録

2. 傍晚 湖边 散步
   Bàngwǎn húbiān sànbù

   一个 作家 喜欢 边 走 边 想。一 天 傍晚 他 来 到 湖边。
   Yí gè zuòjiā xǐhuan biān zǒu biān xiǎng. Yì tiān bàngwǎn tā lái dào húbiān.
   因为 天 要 下 雨, 所以 人 很 少。作家 沿 着 湖 边, 一 边 走
   Yīnwèi tiān yào xià yǔ, suǒyǐ rén hěn shǎo. Zuòjiā yán zhé hú biān, yì biān zǒu
   一 边 想 怎么 写 结局。
   yì biān xiǎng zěnme xiě jiéjú.

   他 站 在 湖 边 沉思。湖水 被 雨 点 打 得 画 圈圈。 这
   Tā zhàn zài hú biān chénsī. Húshuǐ bèi yǔ diǎn dǎ de huà quānquan. Zhè
   时 一 位 老人 跑 来 说:
   shí yí wèi lǎorén pǎo lái shuō:

"先生 您不要 想不开。"作家抬头望望老人，耸
"Xiānshēng nín bú yào xiǎng bù kāi." Zuòjiā tái tóu wàng wang lǎorén, sǒng
耸 肩 笑了。他说："没 有，不，没 有。"说 着离开了。
song jiān xiào le. Tā shuō: "méi yǒu, bù, méi yǒu." Shuō zhe líkāi le.

傍晚：夕方、结局：結果、站：立つ、沉思：考え込む、被：に、雨点：雨のしずく、不要：しないで・するな、
想不开：思いつめる、抬头：頭を上げる、耸肩：肩をすくめる、离开：離れる

3. 为 什么 法国人 大吃 大喝还比 美国人 苗条？
Wèi shénme Fǎguórén dà chī dà hē hái bǐ Měiguórén miáotiáo?

很 多 美国人 老是 不 明白 一个问题：法国人 明明 大喝
Hěn duō Měiguórén lǎoshì bù míngbai yí ge wèntí: Fǎguórén míngmíng dà hē
葡萄酒,大吃 面包、奶酪和 甜点,可为什么 超重 或 肥胖
pútáojiǔ dà chī miànbāo, nǎilào hé tiándiǎn, kě wèi shénme chāozhòng huò féipàng
的 美国人 远远 多于 法国人 呢？
de Měiguórén yuǎn yuǎn duō yú Fǎguórén ne?

法国是 肥胖比例最低的欧洲 国家 之一。有人在 美国
Fǎguó shì féipàng bǐlì zuì dī de ōuzhōu guójiā zhī yī. Yǒu rén zài Měiguó
和 法国 的大学 做了 调查 问卷。结果 发现 两 国 的饮食
hé Fǎguó de dàxué zuò le diàochá wènjuàn. Jiéguǒ fāxiàn liǎng guó de yǐnshí
习惯 不同。
xíguàn bù tóng.

法国 仍然 遵循 着一些 传统 的饮食 规则。比如 两 餐
Fǎguó réngrán zūnxún zhe yìxiē chuántǒng de yǐnshí guīzé. Bǐrú liǎng cān
之 间不吃 东西,进食 讲究 一定 的顺序 等 等。有些
zhī jiān bù chī dōngxi, jìnshí jiǎngjiū yídìng de shùnxù děng deng. Yǒu xiē
生活 习惯 和节奏 可以 帮助 人们 更加 健康 地饮食。
shēnghuó xíguàn hé jiézòu kěyǐ bāngzhù rénmen gèngjiā jiànkāng de yǐnshí.

可是 美国 不是 这样，美国 是一个多民族 融合 的国家,
Kěshì Měiguó búshì zhèyàng, Měiguó shì yí ge duō mínzú rónghé de guójiā,
人们 来自不 同 的地方,各自 传统 的饮食 文化 很 难保持。
rénmen láizì bù tóng de dìfāng, gè zì chuántǒng de yǐnshí wénhuà hěn nán bǎochí.

再 说美国 餐馆 里一份菜的 量 通常 都比较大。
Zài shuō Měiguó cānguǎn lǐ yí fèn cài de liàng tōngcháng dōu bǐjiǎo dà.

良好 的饮食 习惯 是 健康 的 保障。
Liánghǎo de yǐnshí xíguàn shì jiànkāng de bǎozhàng.

苗条：スタイルがよい、老是：いつも、不明白：わからない、明明：明らかに、面包：パン、奶酪：チーズ、甜点：甘いケーキ、超重：超過、肥胖：肥満、远远：はるかに、调查问卷：アンケート調査、仍然：依然として、遵循：従う、一些：いささか、两餐：2回の食事、进食：食べる、讲究：こる、节奏：リズム、难…：…し難い、餐馆里：レストランの中

4. 中国的小皇帝
Zhōngguó de xiǎo huángdì

计划生育使中国成功地减少了3亿人口，提高
Jìhuà shēngyù shǐ zhōngguó chénggōng de jiǎnshǎo le sān yì rénkǒu, tígāo
了人均生活水平，但是副作用是：年轻一代娇生
le rénjūn shēnghuó shuǐpíng, dànshì fù zuòyòng shì: niánqīng yídài jiāoshēng
惯养，中国把这一代人称做"小皇帝"。
guànyǎng, Zhōngguó bǎ zhè yídài rén chēngzuò "xiǎo huángdì".

林兵是独生子，13岁。他家有5口人，有爸爸、妈妈、
Línbīng shì dúshēngzǐ, shísān suì. Tā jiā yǒu wǔ kǒu rén, yǒu bàba、māma、
外公、外婆和他。林兵在家是小皇帝。在家里他已经
wàigōng、wàipó hé tā. Línbīng zài jiā shì xiǎo huángdì. Zài jiā lǐ tā yǐjīng
习惯了要风得风，要雨得雨。因为林兵是独根独苗，
xíguàn le yào fēng dé fēng, yào yǔ dé yǔ. Yīnwèi Línbīng shì dú gēn dú miáo,
所以爸爸、妈妈、外公、外婆对他的期待也很大。他暑假每天
suǒyǐ bàba、māma、wàigōng、wàipó duì tā de qīdài yě hěn dà. Tā shǔjià měitiān
的日程是：9:30开始，做一个小时暑假作业，做一个小时
de rìchéng shì: 9:30 kāishǐ, zuò yí ge xiǎoshí shǔjià zuòyè, zuò yí ge Xiǎoshí
数学训练，然后背一个小时课文。午饭后，他还要写一
shùxué xùnliàn, ránhòu bèi yí ge xiǎoshí kèwén. Wǔfàn hòu, tā hái yào xiě yí
个小时暑假作业，然后阅读一个小时，再听一个小时
ge xiǎoshí shǔjià zuòyè, ránhòu yuèdú yí ge xiǎoshí, Zǎi tīng yí ge xiǎoshí
英语。英语的内容是：《罗密欧与朱丽叶》等。林兵真想
Yīngyǔ Yīngyǔ de nèiróng shì:《Luómìōu yǔ Zhūlìyè》děng. Línbīng zhēn xiǎng
像朱丽叶一样睡过去。
xiàng Zhūlìyè yíyàng shuì guòqù.

计划生育：一人っ子政策、亿：億、提高水平：レベルを高める、年轻：若い、娇生惯养：わがまま・あまえる、独生子：一人っ子、外公：母方おじいちゃん、外婆：母方おばあちゃん、要风得风，要雨得雨：ほしいがままだ、独根独苗：一人っ子、做作业：宿題をする、背：暗記する、午饭后：昼食後、阅读：閲覧する、《罗密欧与朱丽叶》：ロミオとジュリエット、

5. 绿茶和癌症
Lǜchá hé áizhèng

绿茶 为 什么 对 身体 好 呢？
Lǜchá wèi shénme duì shēntǐ hǎo ne?

　首先， 绿茶 含 茶坨酚， 而 茶 坨酚 是 抗癌 物质。日本
Shǒuxiān, lǜchá hán chátuòfēn, ér chá tuófēn shì kàngái wùzhí. Rìběn
专家 说：40 岁 以上 的人 没有 一个 体内 没有 癌 细胞 的。
zhuānjiā shuō sìshí suì yǐshàng de rén méiyǒu yígè tǐnèi méiyǒu ái xìbāo de.
但是 有 人 得 癌症，有人 不得，这 跟 喝 绿茶 有 密切 的 关系。
Dànshì yǒu rén dé áizhèng, yǒu rén bù dé, zhè gēn hē lǜchá yǒu mìqiè de guānxi.
如果 你 每天 喝 四 杯 绿茶，癌细胞 就 不 分裂，而且 即使 分裂，
Rúguǒ nǐ měitiān hē sì bēi lǜchá, ái xìpāo jiù bù fēnliè, érqiě jíshǐ fēnliè,
也要 推迟 九年 以上。
yě yào tuīchí jiǔnián yǐshàng.

　第二， 中国 古代 苏东坡 每次 吃 完 饭，用 下 等 茶 漱口，
Dì èr, Zhōngguó gǔdài Sūdōngpō měicì chī wán fàn, yóng xià děng chá sùkǒu,
目的是 坚固 牙齿。他 不 知道 为 什么？日本人 现在 搞 清楚
mùdì shì jiāngù yáchǐ. Tā bù zhīdào wèi shénme? Rìběnrén xiànzài gǎo qīngchǔ
了,它 不仅 能 消灭 虫牙，还 能 坚固 牙齿。
le, tā bùjǐn néng xiāomiè chóngyá, hái néng jiāngù yáchǐ.

　第三，绿茶 含 茶甘宁， 茶甘宁 是 提高 血管 韧性的，使
Dì sān, lǜchá hán chágānníng, chágānníng shì tígāo xuèguǎn rènxìng de, shǐ
血管 不 容易 破裂。
xuèguǎn bú róngyì pòliè.

　结论：绿茶 第一 抗癌，第二 能 坚固 牙齿，第三 使 脑血管
Jiélùn: lǜchá dì yī kàngái, dì èr néng jiāngù yáchǐ, dì sān shǐ niǎoxuèguǎn
不易 破裂，所以 一定 要 喝 绿茶。
bú yì pòliè, suǒyǐ yídìng yào hē lǜchá.

　除了 绿茶 以外 红 葡萄酒 对 身体 也 不错。
Chúle lǜchá yǐwài hóng pútáojiǔ duì shēntǐ yě búcuò.

首先：まず、茶坨酚：カテキン、抗癌物质：抗がん剤、得：かかる、癌症：がん、跟…有关系：…と関係がある、
而且：しかも、即使…：たとえ…ても、推迟：遅らせる、苏东坡：唐の詩人、動詞+完：…てから、…た後に、
用…：…で、漱口：うがいする、牙齿：歯、搞清楚：明らかにする、不仅…还：…のみならず…も、
茶甘宁：テアニン、韧性：弾力、使：…せる、…させる、不易…：…しにくい、除了…以外：…のほかに、
不错：なかなかよい

総合練習

1．次の単語を覚えて、下の2組の言葉を線でつなぎ、訳しましょう。

好看（見てきれいだ）　　好喝（飲み物がおいしい）　　好听（聞いてきれいだ）
hǎokàn　　　　　　　　　hǎohē　　　　　　　　　　　hǎotīng

好玩（楽しい）　　　　　好用（使いやすい）　　　　　好吃（食べ物がおいしい）
hǎowán　　　　　　　　　hǎoyòng　　　　　　　　　　hǎochī

1) 日本菜　　　　　　　　很 好 看。
　 Rìběn cài　　　　　　　hěn hǎo kàn.

2) 矿 泉 水　　　　　　　好 听 吗？　　　　　　　矿泉水：ミネラル
　 Kuàng quán shuǐ　　　　hǎo tīng ma?

3) 这儿的 电话　　　　　好 玩 吗？　　　　　　　电话：電話
　 Zhèr de diànhuà　　　　hǎo wán ma?

4) 成龙 的 电影　　　　　很 好 吃。　　　　　　　成龙：ジャッキーチェン
　 Chénglóng de diànyǐng　hěn hǎo chī.　　　　　　电影：映画

5) 邓丽君 的 歌　　　　　好 喝。　　　　　　　　邓丽君：テレサテン
　 Dènglìjūn de gē　　　　hǎo hē.

6) 滑 雪　　　　　　　　不 好 用。　　　　　　　滑雪：スキー
　 Huá xuě　　　　　　　bù hǎo yòng.

2．A群の時間詞とB群の動詞を使って会話を練習しましょう。

你 周末 想 做 什么？
Nǐ zhōumò xiǎng zuò shénme?

A群：明天　　星期天　　晚上　　现在　　　　晚上：夜
　　　míngtiān　xīngqītiān　wǎnshang　xiànzài　　现在：今

B群：看 电影　洗衣服　购 物　睡 觉　　　　看电影：映画を見る
　　　kàn diànyǐng　xǐ yīfu　gòu wù　shuì jiào　　洗衣服：洗濯をする
　　　　　　　　　　　　　　　　　　　　　　　购物：買い物をする
　　　打 工　滑 冰　洗 温泉　　　　　　　　睡觉：寝る
　　　dǎ gōng　huá bīng　xǐ wēnquán　　　　　打工：アルバイトをする
　　　　　　　　　　　　　　　　　　　　　　　滑冰：スケートをする
　　　　　　　　　　　　　　　　　　　　　　　洗温泉：温泉に入る

3．下線部を好きな言葉に取り換えましょう。

A：你 喜欢 什么？
　 Nǐ xǐhuan shénme?

B：我 喜欢 体育。　　　　　　　　　　　　　体育：スポーツ
　 Wǒ xǐhuan tǐyù.

唱　歌　　跳　舞　　散　步　　开　车
chàng gē　　tiào wǔ　　sànbù　　kāi chē

打　棒球　　打　蓝球　　打　排球
dǎ bàngqiú　　dǎ lánqiú　　dǎ páiqiú

长　跑　　游　泳　　打　网球
cháng pǎo　　yóuyǒng　　dǎ wǎngqiú

打　羽毛球　　弹　钢琴　　弹　吉他
dǎ yǔmáoqiú　　tán gāngqín　　tán jítā

拉　提琴　　吹　笛子
lā tíqín　　chuī dízī

唱歌	歌を歌う
跳舞	踊る
开车	車を運転する
打棒球	野球をする
打蓝球	バスケットボールをする
打排球	バレーボールをする
长跑	長距離走をする
游泳	水泳をする
打网球	テニスをする
打羽毛球	バドミントンをする
弹钢琴	ピアノを弾く
弹吉他	ギターを弾く
拉提琴	バイオリンを弾く
吹笛子	笛を吹く

4．次の現在文を過去形、過去否定形、経験形、経験否定形に直し、訳しましょう。

現在文　　我写信。　　　　　　　　　他打棒球

過去形　　→　　　　　　　　　　　　→

過去否定形　→　　　　　　　　　　　→

経験形　　→　　　　　　　　　　　　→

経験否定形　→　　　　　　　　　　　→

写信：手紙を書く

5．…に…を…する文型は「给」「送」「教」「问」「告诉」「劝」などがあげられます。
訳しましょう。

1) 你常给朋友写信吗？＿＿＿＿　　2) 我送你一个礼物。＿＿＿＿

3) 谁教你电脑？＿＿＿＿　　　　　4) 请借我看看。＿＿＿＿

5) 经验告诉我们慎重。＿＿＿＿　　6) 医生劝患者戒烟戒酒。＿＿＿＿

经验：経験　告诉：教える　　　　　劝：勧める

6．下線部を取り換えて練習しましょう。

1) 哥哥在 <u>打 电话</u>。　　　　　看 电 视　　吃 饭　　看 书
　　Gēge zài dǎ diànhuà.　　　　kàn diàn shì　chī fàn　kàn shū

7．次の２組の文章で関係があるものを線でつなぎましょう。

　　１）很多人都想去上海　　　　　　　　所以没有给你打电话
　　２）我没去过上海　　　　　　　　　　每天都要打两个小时工
　　３）因为昨天很忙　　　　　　　　　　所以今年夏天准备去一次
　　４）我很喜欢打羽毛球　　　　　　　　因为那儿是有名的城市

8．下線部を取り換えて会話を練習しましょう。

　　１）写 好 要 <u>多长 时间</u>？
　　　　Xiě hǎo yào duōcháng shíjiān?

　　　　　两 个 星期（２週間）　十 分 钟（10分）　一 个 小时（1時間）　三 天（３日）
　　　　　liǎng ge xīngqī　　　shí fēn zhōng　　yíge xiǎoshí　　　sān tiān

　　２）这个 要 <u>多少 钱</u>？　七 万 零 二 百 八 十 元　　十 五 块
　　　　Zhège yào duōshao qián?　qī wàn líng èr bǎi bā shí yuán　shí wǔ kuài

9．下線部を取り換えて会話を練習しましょう。

　　１）你 <u>歌 唱</u> 得 怎么样？　打网球（テニスをする）弹 钢琴（ピアノを弾く）
　　　　Nǐ gē chàng de zěnmeyàng?　dǎwǎngqiú　　　　　tán gāngqín

　　２）我 歌 唱 得 <u>不好</u>。　　很 好　　还可以（まあまあ）
　　　　Wǒ gē chàng de bù hǎo.　　hěn hǎo　　hái kěyǐ

10．下線部を取り換えて会話を練習しましょう。

　　Ａ：你 会 <u>开 车</u> 吗？　　　　　　　　　汉 语　　唱 卡拉OK
　　　　Nǐ huì kāi chē ma?　　　　　　　　　hàn yǔ　chàng kǎlā OK

　　Ｂ：会 一 点 儿。
　　　　Huì yì diǎr.

言語ゲーム

1．雪に関連する四文字熟語を理解しましょう。

　　雪 中 送 炭　　　雪 上 加 霜
　　xuě zhōng sòng tàn　xuě shàng jiā shuāng

2．「没有」と「有」を覚えましょう。

　　没 有 远 虑 必 有 近 忧
　　méi yǒu yuǎn lǜ　bì yǒu jìn yōu

3．「水」と「石」は何を意味しますか。

水　落　石　出
shuǐ luò shí chū

滴　水　穿　石
dī shuǐ chuān shí

4．正しい方を選んで四文字熟語を完成させましょう。

如（虎　狮）添　翼
rú (hǔ shī) tiān yì

对（牛　马）弹琴
duì (niú mǎ) tánqín

举（棋　棒）难下
jǔ (qí bàng) nán xià

5．「绞 jiǎo」と「竭 jié」を使って空欄を埋めましょう。

（　　）尽　脑　汁
　　　　 jìn nǎo zhī

（　　）尽　全　力
　　　　 jìn quán lì

6．「上 shàng」と「下 xià」のどちらかを入れましょう。

纸（　）谈　兵
zhǐ　　 tán bīng

瓜　田　李（　）
guā tián lǐ (　)

7．次のような比喩にはどんな効果がありますか。

鸦　雀　无　声
yā què wú shēng

卧　薪　尝　胆
wò xīn cháng dǎn

8．IT用語を当ててみましょう。

　　　上网　　宽带　　软件　　黑客　　病毒　　死机　　伊妹儿　　鼠标　　编程
shàngwáng　kuāndài　ruǎnjiàn　hēikè　bìngdú　sǐ jī　yīmèiěr　shǔbiāo　biānchéng

9. 次のなぞの答えを考えましょう。

十 加 十 是 十，十 减 十 还 是 十。
Shí jiā shí shì shí, shí jiǎn shí hái shì shí.

如果 你 不 信，你 就 试 一 试。　　　　　　　　　如果…就：もし…ば…
Rúguǒ nǐ bù xìn, nǐ jiù shì yí shì.

10. 次の文章が示す漢字1文字をあてましょう。

池 里 没 有 水，地 上 没 有 泥。
Chí lǐ méi yǒu shuǐ, dì shàng méi yǒu ní.

11. どんな時に使うのか考えましょう。

桃 李 不 言，下 自 成 蹊．
Táo lǐ bù yán, xià zì chéng qī

12. 次の文章に答えられますか。

谁 是 最 好 的 医生？
Shuí shì zuì hǎo de yīshēng?

13. 笑い話です。

妻子说：烟 伤 肺，酒 伤 肝。　　　　　　　　　妻子：妻
Qīzi shuō: Yān shāng fèi, jiǔ shāng gān.　　　　　伤：傷める、…にわるい

　　　　你 不 要 抽 烟，也 别 喝 酒 了。　　　　不要：…しないで
　　　　Nǐ bú yào chōu yān, yě bié hē jiǔ le.　　　　别：…しないで

丈夫 说：不 抽 烟，不 喝 酒，我 伤 心。　　　　丈夫：夫
Zhàngfu shuō: Bù chōu yān, bù hē jiǔ, wǒ shāng xīn.

　　　　心 比 肺 和 肝 更 重 要。
　　　　Xīn bǐ fèi hé gān gèng zhòng yào.

妻子说：你 随便 吧。　　　　　　　　　　　　随便：勝手
Qīzi shuō: Nǐ suíbiàn ba.

これができると便利

1 よく使う慣用句を線で繋げましょう。

你好
Nǐ hǎo

对不起　　　　　不客气
Duìbuqǐ　　　　Bú kèqi

谢谢　　　　　　　　　没关系
Xièxie　　　　　　　　méi guānxi

麻烦你　　　再见
Máfan nǐ　　zài jiàn

2 次の会話を流暢に話しましょう。

① 我 叫 小野 良子, 请 多 关照。
　　Wǒ jiào Xiǎoyě Liángzǐ, qǐng duō guānzhào.

② 认识 你 很 高兴。我 也 很 高兴。
　　Rènshí nǐ hěn gāoxìng. Wǒ yě hěn gāoxìng.

③ 你 从 哪儿 来? 我 从 日本 来。
　　Nǐ cóng nǎr lái? Wǒ cóng Rìběn lái.

④ 你 订 票 了 吗?
　　Nǐ dìng piào le ma?

⑤ 便宜 一点儿 吧。
　　Piányi yīdiǎnr ba.

⑥ 祝 你 一路 顺风。
　　Zhù nǐ yí lù shùn fēng.

3 下線部の単語に留意しながら訳しましょう。

① 先 打 电话, 然后 再 去。　　　　　先…, 然后…: まず…そ
　　Xiān dǎ diànhuà, ránhòu zài qù.　　　　　　れから

② 新干线 又 快 又 安全。　　　　　又…又…: …し…
　　Xīngànxiàn yòu kuài yòu ānquán.

③ 我们 一边 喝 茶 一边 聊 吧。　　　一边…一边…: …ながら
　　Wǒmen yìbiān hē chá yìbiān liáo ba.

④ 如果 不 明白, 就 问问。　　　　　如果…, 就…: もし…
　　Rùguǒ bù míngbai, jiù wènwen.

⑤ 因为 最近 很 忙, 所以 没 有 休息。　因为…, 所以…: から
　　Yīnwèi zuìjìn hěn máng, suǒyǐ méi yǒu xiūxi.

⑥ 我 很 喜欢 长跑, 但是 没 有 时间。　…, 但是…: しかし
　　Wǒ hěn xǐhuan chángpǎo, shànshì méi yǒu shíjiān.

中国語音節表

子音\母音		1 a	2 o	3 e	4 er	5 ai	6 ei	7 ao	8 ou	9 an	10 en	11 ang	12 eng	13 ong	14 i	15 ia	16 ie	17 iao	18 iou/-iu
0	ゼロ	a 阿	o 哦	e 鹅	er 儿	ai 爱	ei 欸	ao 熬	ou 欧	an 安	en 恩	ang 昂	eng 鞥		yi 衣	ya 呀	ye 耶	yao 腰	you 忧
1	b	ba 吧	bo 波			bai 白	bei 杯	bao 包		ban 班	ben 本	bang 帮	beng 崩		bi 笔		bie 别	biao 表	
2	p	pa 怕	po 坡			pai 排	pei 胚	pao 跑	pou 剖	pan 判	pen 喷	pang 旁	peng 碰		pi 批		pie 撇	piao 票	
3	m	ma 马	mo 摸	me 么		mai 麦	mei 煤	mao 毛	mou 谋	man 满	men 门	mang 忙	meng 蒙		mi 米		mie 灭	miao 苗	miu 谬
4	f	fa 法	fo 佛				fei 飞		fou 否	fan 反	fen 分	fang 方	feng 峰						
5	d	da 答		de 的		dai 呆	dei 得	dao 刀	dou 兜	dan 单	den 扽	dang 当	deng 登	dong 懂	di 低		die 跌	diao 调	diu 丢
6	t	ta 塔		te 特		tai 太	tei 忒	tao 滔	tou 偷	tan 滩		tang 躺	teng 疼	tong 通	ti 替		tie 贴	tiao 挑	
7	n	na 拿		ne 讷		nai 奶	nei 内	nao 恼	nou 耨	nan 南	nen 嫩	nang 囊	neng 能	nong 农	ni 泥		nie 捏	niao 鸟	niu 扭
8	l	la 拉		le 勒		lai 来	lei 雷	lao 劳	lou 楼	lan 兰		lang 狼	leng 冷	long 龙	li 利	lia 俩	lie 列	liao 料	Liu 流
9	g	ga 嘎		ge 哥		gai 该	gei 给	gao 高	gou 沟	gan 赶	gen 根	gang 钢	geng 耕	gong 公					
10	k	ka 咖		ke 可		kai 开	kei 剋	kao 靠	kou 口	kan 看	ken 肯	kang 康	keng 坑	kong 空					
11	h	ha 哈		he 喝		hai 海	hei 黑	hao 好	hou 猴	han 含	hen 狠	hang 行	heng 哼	hong 轰					
12	j														ji 机	jia 家	jie 接	jiao 交	jiu 旧
13	q														qi 期	qia 恰	qie 切	qiao 敲	qiu 秋
14	x														xi 希	xia 吓	xie 谢	xiao 笑	xiu 秀
15	zh	zha 渣		zhe 者		zhai 债	zhei 这	zhao 招	zhou 周	zhan 站	zhen 真	zhang 章	zheng 争	zhong 中	zhi 知				
16	ch	cha 插		che 车		chai 拆		chao 超	chou 抽	chan 馋	chen 陈	chang 唱	cheng 乘	chong 充	chi 吃				
17	sh	sha 傻		she 奢		shai 筛	shei 谁	shao 烧	shou 瘦	shan 善	shen 审	shang 尚	sheng 胜		shi 诗				
18	r			re 热				rao 绕	rou 肉	ran 燃	ren 忍	rang 让	reng 扔	rong 荣	ri 日				
19	z	za 扎		ze 则		zai 在	zei 贼	zao 遭	zou 邹	zan 咱	zen 怎	zang 脏	zeng 增	zong 宗	zi 资				
20	c	ca 擦		ce 册		cai 菜	cei 瓹	cao 操	cou 凑	can 参	cen 参	cang 仓	ceng 层	cong 聪	ci 此				
21	s	sa 撒		se 色		sai 赛		sao 臊	sou 搜	san 三	sen 森	sang 桑	seng 僧	song 送	si 私				

※ 表にある字例の声調は省いている。

中国語音節表

19	20	21	22	23	24	25	26	27	28	29	30	31	32	33	34	35	36
ian	in	iang	ing	iong	u	ua	uo	uai	uei -ui	uan	uen -un	uang	ueng	ü	üe	üan	ün
yan 烟	yin 因	yang 央	ying 应	yong 用	wu 屋	wa 哇	wo 卧	wai 歪	wei 威	wan 弯	wen 温	wang 汪	weng 翁	yu 遇	yue 约	yuan 冤	yun 晕
bian 边	bin 宾		bing 冰		bu 不												
pian 篇	pin 拼		ping 平		pu 铺												
mian 棉	min 民		ming 明		mu 母												
					fu 福												
dian 点			ding 定		du 都		duo 多		dui 对	duan 短	dun 蹲						
tian 添			ting 听		tu 土		tuo 脱		tui 退	tuan 团	tun 吞						
nian 年	nin 您	niang 娘	ning 宁		nu 努		nuo 挪			nuan 暖				nü 女	nüe 虐		
lian 连	lin 林	liang 凉	ling 领		lu 路		luo 罗			luan 乱	lun 论			lü 驴	lüe 略		
					gu 古	gua 挂	guo 国	guai 拐	gui 贵	guan 管	gun 滚	gang 光					
					ku 苦	kua 夸	kuo 阔	kuai 快	kui 亏	kuan 宽	kun 困	kuang 框					
					hu 护	hua 画	huo 活	huai 怀	hui 悔	huan 缓	hun 混	huang 荒					
jian 简	jin 今	jiang 江	jing 惊	jiong 窘										ju 居	jue 决	juan 捐	jun 军
qian 欠	qin 亲	qiang 枪	qing 请	qiong 穷										qu 区	que 缺	quan 劝	qun 群
xian 显	xin 新	xiang 项	xing 兴	xiong 雄										xu 续	xue 靴	xuan 轩	xun 勋
					zhu 珠	zhua 抓	zhuo 桌	zhuai 拽	zhui 追	zhuan 转	zhun 准	zhuang 庄					
					chu 初	chua 欻	chuo 戳	chuai 揣	chui 吹	chuan 传	chun 春	chuang 窗					
					shu 梳	shua 刷	shuo 硕	shuai 衰	shui 睡	shuan 栓	shun 顺	shuang 双					
					ru 如	rua 挼	ruo 若		rui 瑞	ruan 软	run 润						
					zu 祖		zuo 左		zui 最	zuan 钻	zun 尊						
					cu 粗		cuo 错		cui 催	cuan 窜	cun 村						
					su 苏		suo 索		sui 虽	suan 酸	sun 笋						

センテンスの成り立ち

（連体修飾語）主語 + とき + 場所 + 対象 +（副詞）（可能・願望）述語 +（数 + 助数詞）（連体修飾語）目的語

1. 在 + 名詞
2. 比 + 名詞
3. 给 + 名詞
4. 从 + 名詞
5. 和 + 名詞
6. 跟 + 名詞
7. 把 + 名詞
8. 离 + 名詞
9. 为 + 名詞
10. 对 + 名詞
11. 向 + 名詞
12. 形容文／動詞 + 得 + 形容詞（程度・状態・様子）
13. 想 + 動詞
14. 要 + 動詞
15. 能 + 動詞
16. 会 + 動詞
17. 可以 + 動詞
18. 应该 + 動詞
19. （静止）動詞 + 在
20. 形容文／動詞 + 地 + 述語
21. 動詞 + 回数
22. 動詞 + 時間数

（道具・手段）
23. 用 + 名詞
24. 骑 + 名詞
25. 坐 + 名詞

（使役・受身）
26. 使 + 名詞
27. 让 + 名詞
28. 被 + 名詞
29. 受 + 名詞

センテンスの成り立ちの実例

(連体修飾語) 主語 + とき + 場所 + 対象 + (副詞) (可能・願望) 述語 + (数 + 助数詞) (補語) (連体修飾語) 目的語

1. 　　　　学生们　　　在体育馆里　　　　　　　　　　比赛。
2. 　　　　第一名　　　比第二名　　　　　　　　　　　快　两　秒。
3. 愉快的　旅行　　　给我　　　　　　　　　　留下了　　　　　　很深的　印象。
4. 　　　　你　　　　　从哪儿　　　　　　　　　　　　来？
5. 　　　　我们　　　　和中国人　　常　　　　　　说　　　　　　　　　　　　　汉语。
6. 　　　　你　　　　　跟谁　　　　一起　　　　　　去　　　　　　　　　　　　图书馆？
7. 　　　　谁　　　　　把房间　　　　　　　　　　　打扫 一 下？
8. 我们　　学校　　　离车站　　　大约　　　　　　有 一 公里。
9. 　　　　你　　　　　能为我们　　　　　　　　　　做 一 天　　　　　　　　　向导吗？
10. 　　　我们　　　　对客人　　　　　　　　　　　要尊敬。
11. 　　　我　　　　　要向您　　　好好　　　　　　道歉。
12. 这台　机器人　　　　　　　　　　　　　　　　　走得很慢。(動詞 + 得 + 副詞 + 形容詞)
13. 我的　朋友　　　　冬天　　　　不　　　　　　　想去　　　　　　　　　　　上海。
14. 　　　我　　　　　明天　　　　　　　　　　　　要打工。
15. 　　　政治　　　　　　　　　　　　　　　　　　能左右　　　　　　　　　　经济。
16. 这台　机器人　　　　　　　　　　　　　　　　　会说　　　　　　　　　　　话吗？
17. 　　　　　　　　　在这家商店 也　　　　　　　可以用　　　　　　　　　　信用卡吗？
18. 　　　乘客　　　　　　　　　　　　　　　　　　应该站在　　　　　　　　　白线外边。
19. 　　　你　　　　　现在　　　　　　　　　　　　住在　　　　　　　　　　　哪儿？
20. 　　　患者　　　　　　　　　　高兴地　　　　　接受　　　　　　　　　　　礼物。
21. 这种　药　　　　　每天　　　　　　　　　　　　吃　两　次。
22. 我的　朋友　　　　每天　　　　　　　　　　　　跑步 三十分钟。

　　　　　　　　(道具・手段)

23. 　　　　　　　　　请 用钢笔　　　　　　　　　　写。
24. 　　　我　　每天 骑自行车　　　　　　　　　　　来　　　　　　　　　　　　学校。
25. 　　　我父亲　　　坐电车　　　　　　　　　　　上班。

　　　　　　　　(使役・受身)

26. 这个　事件　　　　使我们　　　　　　　　　　　吃惊。
27. 　　　老师　　　　让学生们　　　　　　　　　　翻译　　　　　　　　　　　课文。
28. 我的　衣服　　　　被雨　　　　　　　　　　　　淋湿了。
29. 这首　歌　　　　　很受（听众）　　　　　　　　喜爱。

単語リスト

発音記号	中国语	日本語	課
A			
a	啊	あ	8
Àidíshēng	爱迪生	エジソン	読(1)
áizhèng	癌症	がん	読(5)
àirén	爱人	配偶者、夫、妻	2
Àolínpǐkè	奥林匹克	オリンピック	発
Àoyùn	奥运	オリンピック	発
B			
Bādálǐng	八达岭	北京の北にある万里の長城の一角	6
bǎ	把（傘、椅子などを数える時）	本	4
bǎ	把…	…を	8
bàba	爸爸	父、お父さん	発
bāo	包	かばん	7
bāozi	包子	肉まん	3
bàinián	拜年	年始回り	13
bàng	棒	すごい	13
bàngwǎn	傍晚	夕方	読(2)
bēi	杯	（コーヒー、お茶、酒などの数え方）杯	4
Běijīngkǎoyā	北京烤鸭	北京ダック	6
bèijǐng	背景	背景、バック	6
bèi	被…	…に…れる、…られる	読(2)
bǐ	比…	…より	11
bǐrú	比如	たとえば	13
běnzi	本子	ノート	12
bìyè	毕业	卒業する	4
bié	别…	…しないで	13
Bīngmǎyǒng	兵马俑	兵馬俑	8
bīngjīlíng	冰激凌	アイスクリーム	8
bù	不	…しない、…ではない、いいえ	1
búcuò	不错	なかなか良い	読(5)
búguò	不过	しかし	13
bùkěquēshǎo	不可缺少	欠かせない	13
búkèqi	不客气	どういたしまして	1
búlùn	不论	でも	12
bùjǐn…hái	不仅…还…	…のみならず…も	読(5)
búyì	不易…	…しにくい	読(5)
C			
cài	菜	料理	2
cānjiā	参加	参加する	4

cānguǎn li	餐馆里	レストランの中	読（3）	
chāoshì	超市	スーパー	8	
Cífúlièchē	磁浮列车	リニアモーターカー	11	
cóng	从…	…から	10	
Chátuófēn	茶坨酚	カテキン	読（5）	
Chágānníng	茶甘宁	テアニン	読（5）	
cháng	常	よく	1	
chāozhòng	超重	超過	読（3）	
chángchéng	长城	万里の長城	6	
chángpǎo	长跑	長距離走をする	5	
chànggē	唱歌	歌を歌う	5	
chēzhàn	车站	駅	3、7	
chènyī	衬衣	シャツ	4	
chénsī	沉思	考え込む	読（2）	
chéngjì	成绩	成績	5	
chīfàn	吃饭	ご飯を食べる	1、8	
chúle…yǐwài	除了…以外	…のほかに	読（5）	
chúshī	厨师	コック	7	
chuīdízi	吹笛子	笛を吹く	5	
chūntiān	春天	春	4	
chūnlián	春联	めでたい言葉を書いた対句	13	
chūqù	出去	出かける	9、10	

D

dǎ	打	する	5	
dǎ diànhuà	打电话	電話をする	8	
dǎsuàn	打算	…するつもりだ、…予定	13	
dǎ shǒujī	打手机	携帯電話をかける	12	
dǎ gōng	打工	アルバイトをする	4	
dǎ bàngqiú	打棒球	野球をする	5	
dǎkāi	打开	開ける	9	
dǎ lánqiú	打篮球	バスケットをする	5	
dǎ páiqiú	打排球	バレーボールする	5	
dǎ wǎngqiú	打网球	テニスをする	5	
dǎ yǔmáoqiú	打羽毛球	バドミントンをする	5	
dǎjiǎo	打搅	邪魔する	4	
dàjiā	大家	みなさん	5、9	
dàmǐ	大米	米	11	
dài	戴	メガネ、帽子、手袋などをつける	8	
dàihǎo	带好	よろしく伝える	13	
dāncí	单词	単語	11	
dànshì	但是	しかし、が	2	
dào	到	まで、行く	9、10	
dàoli	道理	とおり	13	

dàoqiàn	道歉	詫びる	13
de	的	…の	2
de	得	述記の程度を表す	11
dé	得	病気にかかる	読 (5)
děi	得	しなければならない	9
Déguórén	德国人	ドイツ人	2
…diǎn	点	…時	5
diànhuà	电话	電話	3
diànnǎo	电脑	パソコン	6
diànshì	电视	テレビ	2、12
diǎnr	点儿	少し	4
diànyǐng	电影	映画	3
dìng piào	订票	予約する、注文する	4
dìfāng	地方	ところ	9
dìyīmíng	第一名	1番目	11
dìèrmíng	第二名	2番目	11
Dènglìjūn	邓丽君	テレサテン	3
děng	等	待つ	1、7
dōu	都	いずれも、みんな	3
dōngxi	东西	買い物をする	4
dóngnǎo	动脑	頭を使う	読 (1)
dú	读	読む	12
dúshēngzǐ	独生子	一人っ子	読 (4)
duì	对…	…に、そのとおりだ	11、13
duìyuán	队员	隊員	8
duō	多	くれぐれも、多めに	1、2
duō cháng shíjiān	多长时间	どのぐらいの時間	10
duōshao	多少	どのぐらい	3
duōshao qián	多少钱	いくら	3、10

E

ěrqiè	而且	しかも	読 (5)
érkē	儿科	小児科	発

F

fāxiàn	发现	発見	読 (1)
Fǎguórén	法国人	フランス人	2
fāshāo	发烧	熱を出す	9
fā yīmèiěr	发伊妹儿	Eメールを出す	13
fàndiàn	饭店	レストラン、ホテル	3
fàng bàozú	放爆竹	爆竹をする	13
fāngbiàn	方便	便利だ	6
fàng jià	放假	休み	13
féipàng	肥胖	肥満	読 (3)

fēngzheng	风筝	凧		5
fěnsī	粉丝	ファン		5
fùqin	父亲	父親		2
fúzì	福字	四角い紙に書いた福の文字		13
fúwù	服务	奉仕する、サービスする		5
fùxí	复习	復習する		9

G

gǎi	改	変える		4
gāo	高	昇進		13
gāoxìng	高兴	嬉しい		2
gǎo qīngchǔ	搞清楚	明らかにする		読(5)
gùshi	故事	物語		読(1)
guójìfàndiàn	国际饭店	国際飯店（ホテル）		10
gàosu	告诉	教える		7
gānjìng	干净	清潔だ		2
gǎnmào	感冒	風邪を引く		8
gè	…个	…個		3
gēge	哥哥	兄		発、3
gēshǒu	歌手	歌手		2
gěi	给	…に…をくれる、…に…をあげる		7
gēn…yǒu guānxi	跟…有关系	…と関係がある		読(5)
gōngsī	公司	会社		1、10
gōngzuò	工作	仕事をする		7
guài	怪	おかしい		9
guān hǎo	关好	ちゃんと閉める		10
guānzhào	关照	世話する、よろしく		1
…guo	…过	…したことがある		6
guònián	过年	年越し		13
guòqù	过去	過去		4
		死ぬ		読(4)
guòjiǎng	过奖	褒めすぎ		13
guì	贵	値段が高い		2

H

hǎo	好	元気だ、上手だ、よろしい、よい		2
hǎo chī	好吃	（食べ物）おいしい		3
hǎo hē	好喝	（飲み物）おいしい		3
hǎo kàn	好看	（見て）きれいだ		3
hǎo tīng	好听	（聞いて）きれいだ		3
hǎo yòng	好用	使いやすい		3
hǎo wán	好玩	おもしろい		3
hǎoxiàng	好像	…のようだ		8
hái	还	まだ		2、9

hái bù hǎo	还不好	まだまだ	2
hái kěyǐ	还可以	まあまあ	11
háishi	还是	それとも	5
háizi	孩子	子ども	13
Hànyǔ	汉语	中国語	1
hé	和	…と	3、11
hěn	很	とても	2
hěnhǎo	很好	よろしい	2
hóngjiǔ	红酒	ワイン	10
hòuhuǐ	后悔	後悔する	13
hùshi	护士	看護師	2
hùzhào	护照	パスポート	2
huāyàng	花样	スタイル、フィギュア、シンクロナイズド	発
huá bīng	滑冰	スケート	5
huá xuě	滑雪	スキー	3
huà nóng	化脓	化膿する	9
huì	会	できる	12
huì…de	会…的	可能性がある、だろう	13
huān yíng	欢迎	歓迎する	2
huángshān	黄山	安徽省にある名山、世界自然遺産	1
huǒchē	火车	汽車、電車	9

J

jǐ	几	いくら	3
jīchǎng	机场	空港	10
Jìhuà shēngyù	计划生育	一人っ子政策	読（4）
jīhuì	机会	機会	13
jìlù	记录	記録	読（1）
jíshǐ…	即使…	たとえ…でも	読（5）
jīntiān	今天	今日	4
jìnshí	进食	食べる	読（3）
jīnglǐ	经理	社長	1、2
jīngyàn	经验	経験	
jīngjù	京剧	京劇	6
jiāyóu	加油	頑張る、がんばれ！応援する	4、5
jiǎozi	饺子	餃子	5
jiāo	教	教える	7
jiāoshēng guànyǎng	娇生惯养	わがまま、甘える	読（4）
jiǎngjiū	讲究	こる	読（3）
jiē	接	迎える	8
jiéguǒ	结果	結果	13
jiézòu	节奏	リズム	読（3）
jiějie	姐姐	姉	7
jiāoyóu	郊游	ピクニック	6

jiào	叫	…という、呼ぶ	1
jiănlì	简历	履歴書	2
jiàn	见	会う	6
jiàn dào	见到	会う	2
jièshào	介绍	紹介する	4、7
jiù	就……	…するとすぐ、しだい	10
juéde	觉得	感じる	9
jīngcháng	经常	しょっちゅう、よく	1、12
jiānchí	坚持	続ける	12
jìyì	记忆	思い出	13

K

kāfēi	咖啡	コーヒー	1
kǎlāOK	卡拉OK	カラオケ	12
kāi chē	开车	車を運転する	5、11
kāi huì	开会	会議する	8
kǎoshì	考试	試験	9
kàn diànshì	看电视	テレビを見る	12
kàngái wùzhǐ	抗癌物质	抗がん剤	読(5)
kèqi	客气	遠慮する	1
kèrén	客人	お客さん	1、5
kě	可	…だが、しかし、けれど	5
kěshì	可是	しかし	5
kùzi	裤子	ズボン	3
kuājiǎng	夸奖	褒める	2
kuàizi	筷子	はし	
kuài…le	快…了	もうすぐ…だ	13
kuàng quán shuǐ	矿泉水	ミネラルウォーター	3

L

lā tíqín	拉提琴	バイオリンを弾く	5
lǎojiā	老家	故郷、生家、実家	13
lǎoshī	老师	先生、教師	2
lǎoshì	老是	いつも	
lái	来	来る、(注文の時には)ちょうだい	3
le	了	…た	3、6
lěng	冷	寒い	2
lí	离	…から	11
líkāi	离开	離れる	読(2)
lǐwù	礼物	プレゼント	7
liànxí	练习	練習する	6
liǎng	两	2つ	4
liǎngcān	两餐	2回の食事	読(3)
línggǎn	灵感	閃き	読(1)

lǐngdài	领带	ネクタイ	3	
liángcài	凉菜	サラダ	4	
liúlì	流利	流暢だ	11	
liúxíng	流行	流行する	4	
liúxià	留下	残す	13	
lǜshī	律师	弁護士	2	
lǚyóu	旅游	旅行	5	
lùnwén	论文	論文	10	

M

ma	吗	…か	1	
māma	妈妈	母、お母さん、	発	
mǎshàng	马上	すぐ	7, 9	
máfan	麻烦	手数をかける、面倒をかける	7	
mǎi	买	買う	3、4、6	
mǎidōngxi	买东西	買い物をする	8	
máoyī	毛衣	セーター	5	
màn	慢	遅い	11	
méi	没…	…しない、…しなかった、…したことがない	6	
méiyǒu	没有	ない	3	
měi	美	美しい	10	
Měiguó	美国	アメリカ	10	
miànbāo	面包	パン	読(3)	
měitiān	每天	毎日	4	
mìshū	秘书	秘書	1	
míngmíng	明明	たしかに、明らかに	読(3)	
míngtiān	明天	明日	4	
míngnián	明年	来年	4	
míngzǎo	明早	明朝	4	

N

nǎ	哪	どれ	2	
nà	那	それ、あれ、じゃ、では	2、4	
nàbiān	那边	そこ、あちら	2	
nàge	那个	その・あの	2	
nǎlǐ	哪里	どこ	2	
nàlǐ	那里	そこ・あそこ	2	
nǎr	哪儿	どこ	2	
nàr	那儿	そこ・あそこ	2	
nǎxiē	哪些	どんな	2	
nǎilào	奶酪	チーズ	読(3)	
nán	难	難しい	読(3)	
ne	呢	は？	3	
néng	能	できる	7	

néngbùnéng	能不能	できるか（丁寧な表現）	7
nǐ	你	あなた	1
nǐ hǎo!	你好！	こんにちは	1
nǐ guì xìng?	你贵姓？	お名前はなんとおっしゃいますか	1
niángāo	年糕	お餅	13
niánniányǒuyú	年年有余	毎年余裕がある	13
niányèfàn	年夜饭	大晦日の一家団欒の食事	13
nínhǎo	您好	こんにちは（尊敬）	1
nǔlì	努力	努力する、頑張る	5

O

o	噢	ああ、そうか	6

P

páshān	爬山	登山する	11
pǎo	跑	走る	11
pífu	皮肤	はだ、皮膚	発
piányi	便宜	安い	2
piào	票	チケット	3
piàoliang	漂亮	きれい、美しい	2
píngguǒ	苹果	リンゴ	3
péngyou	朋友	友だち	2

Q

qīzi	妻子	妻	11
qìgōng	气功	気功	4
qí zìxíngchē	骑自行车	自転車で	11
qí mótuōchē	骑摩托车	バイクで	11
qiǎokèlì	巧克力	チョコレート	
qiān míng	签名	サイン	1、4
qiānxū	谦虚	謙虚	2
qián	钱	お金	5
qiángdiào	强调	強調する	6
qiúmí	球迷	ファン	11
qǐng	请	どうぞ……ください	1
qǐng duō guānzhào	请多关照	くれぐれもよろしくお願いします	2
qǐng shāo děng	请稍等	少々お待ちください	1
qǐngwèn	请问	お尋ねします	1
Qǔfù	曲阜	孔子の生まれ故郷	12
qù	去	行く	1
qùnián	去年	去年	4

R

ránhòu	然后	それから	8

ràng	让	せる、させる	9
rè	热	暑い	2
rènwéi	认为	…と考える、…と思う	5
rènxìng	韧性	弾力	読 (5)
réngrán	仍然	依然として	読 (2)
róuhé	柔和	柔らかい、ソフト	2
Rìběncài	日本菜	日本料理	2
Rìběnchē	日本车	日本車	2
rú	如	…の如く	11
rúguǒ…jiù	如果…就…	もし…ならば…	6

S

sǎo chén	扫尘	すす払い	13
sǎn	伞	傘	3
sànbù	散步	散歩をする	5
sǎngzi	嗓子	のど	8
sījī	司机	運転手	9
sì	似	…のようだ	11
Sūdōngpō	苏东坡	唐の詩人	読 (5)
sùkǒu	漱口	うがいをする	読 (5)
suíbiàn	随便	勝手	11
sòng	送	おくる	7
sǒngjiān	耸肩	肩をすくめる	読 (2)
shāng	伤	傷める、…にわるい	11
shāngdiàn	商店	お店	2
shāngliàng	商量	相談する	8
shàng bān	上班	出勤する	4、9
shàng kè	上课	授業をする	8
shàng shù	上树	木に登る	7
Shàng wǎng	上网	インターネットを見る	8
shāo	稍	少し、ちょっと	1
shǎo	少	少なめに	1
shǒujī	手机	携帯電話	2
shǒuxiān	首先	まず	読 (5)
shénme	什么	何	3
shénme fāngfǎ	什么方法	どんな方法	11
shénme shíhou	什么时候	いつ	8
shí	时	とき	読 (1)
shíhou	时候	時	4
shíjiān	时间	時間	5、7
shǐ	使	…せる、…させる	読 (5)
shì	是	…は…だ	2
shì…de	是…的	（回想して）…した	10
shìjiè yíchǎn	世界遗产	世界遺産	12

shì	试	試す	4	
shū	书	本	2	
shuā kǎ	刷卡	カード払い	4	
shuāng	双	（手袋、靴下、お箸を数える）量詞	3	
shuì jiào	睡觉	寝る	4	
shuō	说	言う、話す、しゃべる	1	

T

tā	他	彼	1	
tāmen	他们	彼ら	1	
tā	她	彼女	1	
tāmen	他们、她们	彼ら、彼女たち	1	
tā	它	それ	1	
tāmen	它们	それら	1、11	
tài…le	太…了	あまり…、…すぎる、とても…だ	6	
táitóu	抬头	頭をあげる	読 (2)	
Tàishān	泰山	山東省にある名山	11	
tàijíquán	太极拳	太極拳	7	
tán gāngqín	弹钢琴	ピアノを弾く	6	
tán jítā	弹吉他	ギターを弾く	6	
tèbié	特别	とても、特に	9	
tiē	贴	貼る	13	
tiěbǐng	铁饼	円盤投げ	発	
téng	疼	痛い	8	
tóu	头	頭	11	
tiáo	条	（ズボン・魚・ベルトなどを数える時）本	4	
tiào wǔ	跳舞	踊る	5	
tǐyàn	体验	体験	13	
tǐyù	体育	スポーツ	5	
tiānqì	天气	天気	4	
tīng	听	聞く	5	
tīngshuō	听说	話によると…だそうだ	10	
tíng chē	停车	車をとめる	6	
tuì fáng	退房	チェックアウトをする	9	
tuīchí	推迟	遅らせる	読 (5)	

W

wán	完	…してから、…した後に	読 (5)	
wánr	玩儿	遊ぶ	8	
wǎn	碗	茶碗	3	
wǎngdiǎn	晚点	遅れる	9	
wǎnshang	晚上	晩	4	
wànshìrúyì	万事如意	何でも意のまま	読 (4)	
wàngjì	忘记	忘れる	6	

wéixiǎn	危险	危険	12	
wèi	为	…のために	4、5	
wèi	喂	もしもし	8	
wèiyào	胃药	胃薬	発	
wèi shénme	为什么	なぜ	読(1)	
wǒ	我	私、ぼく	1	
wèn	问	聞く	1、7	
wènjuàn diàochá	问卷调查	アンケート調査	読(3)	
wèntí	问题	質問	7	

X

xǐhuan	喜欢	好きだ	4
xǐ yīfù	洗衣服	洗濯をする	4
xǐ wēnquán	洗温泉	温泉に入る	4
xiàzhōu	下周	来週	5
xiǎolóngbāo	小笼包	ショーロンポー	3
xiǎoérkē	小儿科	小児科	発
xiāoyán yào	消炎药	抗生物質	9
xiànzài	现在	今	4
xiāng	香	ぐっすり、香ばしい	11
xiàng	向	に	13
xiǎng	想	思う、…たい、と思う、と考える	4
xiǎng bù kāi	想不开	思いつめる	読(2)
xiàng	相	写真	6
xié	鞋	靴	3
xīnqín	辛勤	勤勉だ	13
xìn	信	手紙	
		信じる	
xìnyòng kǎ	信用卡	クレジットカード	発
xīnshǎng	欣赏	鑑賞する	8
xīngqī èr	星期二	火曜	4
xīngqī tiān	星期天	日曜日	4
xīngqī jǐ	星期几	何曜日	4
xióngmāo	熊猫	パンダ	発
xiě	写	書く	10
xuě hǎo	写好	書き上げる	10
xiě xìn	写信	手紙を書く	
xièxie	谢谢	ありがとう	1
xiūxi	休息	休憩する	4
xuéxí	学习	学習する、習う	5

Y

yáchǐ	牙齿	歯	読(5)
yúchì	鱼翅	フカヒレ	発

yāsuìqián	压岁钱		お年玉	13
yǎnjìng	眼镜		メガネ	8
yánsè	颜色		色、カラー	4、5
yàoshi…jiù…	要是…就…		…なら	6
yàoshi	钥匙		かぎ	読 (1)
yě	也		も	1
yóuhuà	油画		油絵	6
yóujú	邮局		郵便局	2
yóuyǒng	游泳		水泳をする	5
yǒu	有		ある、いる	3
yǒumíng	有名		有名だ	11
yòng	用…		…で	11、読 (5)
yīshēng	医生		医師	8
yìbiān	一边		…ながら	12
yìdiǎr	一点儿		少し	3
yídìng	一定		きっと	13
yǐjīng…le	已经…了		もう…した	6
yìqǐ	一起		一緒に	4、8
yì	亿		億	読 (4)
yìsi	意思		意味	13
yíyàng	一样		同じだ	11
yíxià	一下		ちょっと…する	4
yīnwèi…, suǒyǐ	因为…，所以…		…から、…ので	3、8
yīnyuè	音乐		音楽	5
yīnyuèhuì	音乐会		コンサート	8
yīnggāi	应该		…するべきだ	6
yíngyǎngshī	营养师		栄養士	2
yùyì	寓意		寓意	13
yǔ diǎn	雨点		雨のしずく	読 (2)
yúkuài	愉快		楽しい	13
yuǎn	远		遠い	10
yuǎn yuǎn	远远		はるかに	読 (3)
yuè…yuè…	越…越…		…ければ…ほど	6

Z

zázhì	杂志		雑誌	3
zài	再		もう、ふたたび	1、6
zài	在		1) 人がいる、ものがある	1
			2) …で、	7
			3) …中、ちょうど…しているところ（進行形）	8
zǎoshang	早上		朝	4
zěnme	怎么		どう	6
zěnmeyàng	怎么样		どう？いかがですか？	6
zǒu	走		帰る、歩く、行く	6、10

zǒng	总	いつも	1	
zǒngshì	总是	いつも	読（1）	
zuǐ	嘴	口	9	
zuì	最	最も	12	
zhuōzi	桌子	机	3	
zuǒyòu	左右	ぐらい、左右する	10	
zuò	坐	座る	1	
zuò chūzūchē	坐出租车	タクシーに乗る、タクシーで	10	
zuò fēijī	坐飞机	飛行機で	10	
zuò chuán	坐船	船で	10	
zuò diànchē	坐电车	電車で	8	
zuò	做	する、つくる	4	
zuò cài	做菜	調理をする	7、11	
zúqiú sài	足球赛	サッカーの試合	5	
zuótiān	昨天	昨日	4	
zànchéng	赞成	賛成する	5	
zhào	照	（写真）を撮る	6	
zhào xiàng	照相	写真を撮る、撮影する	6	
zhàn	站	立つ	読（2）	
zhāng	张	（机、キップなど）…枚	3	
zhāng kāi	张开	（口）を開ける	8	
zhàng fu	丈夫	夫	11	
zhōu èr	周二	火曜	4	
zhōu rì	周日	日曜	4	
zhōu mò	周末	週末	4	
zhè	这	これ	2	
zhège	这个	この	2	
zhèlǐ	这里	ここ	2	
zhěr	这儿	ここ	4、7	
zhèxiē	这些	これら	2、13	
zhèyàng	这样	このように	8	
zhēn	真	本当に	12	
zhēnsī	真丝	シルク	4	
zěnme	怎么	どのようにして	12	
zhèngzài	正在	ちょうど…しているところだ、…中	8	
zhǐdǎo	指导	指導する	8	
zhīdào	知道	知る	9、10、読（5）	
zhíde yíqù	值得一去	一度行く値打ちがある	11	
zhǐ ké	止咳	咳止め	発	
zhíyuán	职员	サラリーマン	2	
zhǔnbèi	准备	…する予定、用意	4、10	
zhuānjiā	专家	専門家	8	
zhōngguó cài	中国菜	中華料理	5	

■ 著者紹介

矯　学真　(キョウ　ガクシン)
　　元哈爾濱工業大学教授、工学博士
　　川崎医療福祉大学非常勤講師
　　岡山理科大学非常勤講師

姜　波　(キョウ　ハ)
　　川崎医療福祉大学教授、文学博士
　　岡山大学非常勤講師

◆音声は、右記の QR コード
　より聴いてください。

中国語の世界　第 2 版

2010 年 4 月 20 日　初　版第 1 刷発行
2013 年 4 月 20 日　第 2 版第 1 刷発行
2025 年 10 月 3 日　第 2 版第 2 刷発行

■ 著　者――矯　学真・姜　波
■ 発行者――佐藤　守
■ 発行所――株式会社 大学教育出版
　　　　　　〒700-0953　岡山市南区西市 855-4
　　　　　　電話 (086) 244-1268　FAX (086) 246-0294
■ 印刷製本――サンコー印刷㈱
■ 装　　丁――ティーボーン事務所

© Jiao Xuezhen, Jiang Bo 2010, Printed in Japan
検印省略　　落丁・乱丁本はお取り替えいたします。
無断で本書の一部または全部を複写・複製することは禁じられています。
ISBN978-4-86429-150-7